슈퍼
네트워커

슈퍼 네트워커

초판 1쇄 인쇄 2019년 8월 6일
초판 1쇄 발행 2019년 8월 10일

지은이 **곽미송**
펴낸이 **우세웅**
기획총괄 **우 민**
책임편집 **이양이**
기획·마케팅 **노수빈**
북디자인 **신은경**

펴낸곳 **슬로디미디어그룹**
출판등록 **제25100-2017-000035호(2017년 6월 13일)**
주소 **서울특별시 마포구 월드컵북로 400, 서울산업진흥원(문화콘텐츠센터)5층 20호**
전화 **02) 493-7780**
팩스 **0303) 3442-7780**
전자우편 **wsw2525@gmail.com(원고투고·사업제휴)**
홈페이지 **http://slodymedia.modoo.at**
블로그 **http://slodymedia.xyz**
페이스북 • 인스타그램 **slodymedia**

ISBN 979-11-88977-32-1 (13320)
이 도서의 국립중앙도서관 출판예정도서목록(CIP)은 서지정보유통지원시스템 홈페이지(http://seoji.nl.go.kr)와 국가자료공동목록시스템(http://www.nl.go.kr/kolisnet)에서 이용하실 수 있습니다. (CIP제어번호 : CIP2019030331)

슈퍼 네트워커

네트워크 사업 제대로 알아보기, 시작하기, 해내기!

SEARCH START DO IT

SUPER NETWORKER

곽 미 송 지음

슬로디미디어

CONTENT

2부 | 네트워크 마케팅의 환경이 바뀌고 있다

3부 | 네트워크 마케팅의 최강 마인드 셋

CONTENT

4부 | 온라인 네트워크에서 성공하기

5부 | 진짜 네트워크 마케팅으로 살아남기

P R O L O G U E

이제는 노마드 네트워커가 답이다

나는 30대 초반에 네트워크 마케팅 사업을 시작하면서 24시간 중에서 기본 20시간은 일만 하며 살았다. 그 당시 은행을 그만두고 시작하는 일이라 은행에서 일하는 만큼만 한다면 분명 좋은 결과가 있을 것이라고 믿었다. 그러다 보니 둘째 아이를 낳고 100일 조금 지난 상태에서 엄마에게 아이를 맡겼다. 그리고 밤낮으로 지방을 뛰어다니며 소비자들과 파트너의 소비자들까지 만났다.

아이를 맡기는 그 시간에 약간의 죄책감까지 보태어지니 네트워크 사업 안에서의 성공을 더욱 갈망하게 되었다. 파트너들이 요청하는 미팅을 뛰어다니느라 밥을 못 먹는 날들이 비일비재했고, 주말까지 반납하며 미팅을 쫓아다녔다. 스폰서가 주최하는 미팅에는 가장 먼저 가서 앞자리를 지켰다. 그렇게 매일 시간에 쫓기며 무엇을 위해 사는지도 모른 채 뛰고 달리는 시간의 연속이었다. 그러나 스스로 무엇을 위한 성장인지도 모른 채 직급이 올라가자 항상 두려웠다. 언제 무너질지 모르는 모래성을 쌓는 느낌이 들었기 때문이다.

시간의 자유를 꿈꾸며 시작한 그 일은 오히려 나에게 아이들과 함께 하는 시간을 빼앗았고, 육체의 피로는 극을 향해 달리는 기분이었다. 지금 생각해 보면 나는 성공이 무엇인지도 모르면서 남들이 말하는 성공이라는 단어에 미쳐 있었던 것 같다. 남들이 말하는 성공의 방법에 문제가 있었음에도 인정하고 싶지 않았던 것이다. 그냥 오로지 어떻게든 내가 투자한 시간과 돈에 대한 결과를 만들어내고 싶었다. 이렇게 나의 첫 번째 네트워크 마케팅 사업의 실패는 예정된 일이었던 것이다. 어느 분야든 제대로 알고 배워야 결과를 만드는 것이 사업이다. 그러나 그 당시에 나는 오로지 좌충우돌의 시기였던 것이다. 후회가 남고 어떻게 해야 할지 막막함 속에서 어느 날 책 한 권을 만났다.

팀 패리스의 《나는 4시간만 일한다》를 읽은 그날의 충격은 아직도 여전하다. 그는 일주일에 단 4시간만 일한다. 그런데 나는 밤낮으로 일을 하지만 그의 수입의 손톱만큼도 따라가지 못하고 있었다. 그 책을 읽는 동안 도대체 내가 시간을 어떻게 활용하고 있는 것인지 의문이 들었다. 오히려 열심히 일을 하면 할수록 길거리에 돈을 뿌리고 다니는 것이었다. 돈을 어떻게 사용해야 하는지 모르니 지갑은 항상 가난했다. 네트워크 제품을 사서 먹고 발라봐야 하는 게 그 당시 시스템의 룰 중의 하나였다. 내가 먼저 애용을 해야 한다고 시스템에서 이야기하니 집 안에는 쓰지도 않는 제품들이 넘쳐났다. 신제품이라도 나오는 달은 더욱 지출은 늘어갔다. 당연히 내 통장에는 네트워크 사업으로 들어오는 수입보다 네트워크 사업을 한다는 이유로 나가는 돈이 더 많았다. 또한 네트워크 사업을 하느라 생활에서 지출되는 비용이 크니 내 삶은 항상 마이너스 상태였다. 갈수록 풍족한 삶이 아니라 일을 하면 할수록 더욱 가난해지는 것이 이상했다. 그런 삶을 살고 있는 나에 비하여 일주일에 4시간만 일하는 팀 페리스의 수입은 어마어마했다. 도대체 무슨 차이일까?

나는 열심히 일을 하면 부자가 된다고 배우고 자랐다. 내 인생에서 단 한 번도 쉬어본 적은 없다. 학교를 졸업하면서 경제활동을 단 한 번도 쉬지 않았다. 나는 내 인생에서 언제 올지 모르는 봄날을 기다리며 하루하루 버티어 나가고 있는데 내 통장에는 여전히 잔고가 마이너스였다. 그리고 팀 패리스의 책을 통해 나의 삶을 돌아보는 현실과 마주한 것이다. 그 책을 통해 허탈한 마음도 있었지만 그때서야 처음으로 내가 일을 하고 있는 방식에 심각한 문제가 있다는 것을 깨달았다. 그러면서 만나게 된 단어가 '디지털 노마드'였다. 완전히 새로운 방식으로 시간과 장소에 구애받지 않고 언제든지 일하는 디지털 유목민이라는 뜻이었다. 사람이 과연 그렇게 살 수 있을까? 시간과 장소에 구애 없이 일하는 삶이 과연 가능하단 말인가? 가만히 며칠을 생각했다.

나는 왜 네트워크 마케팅 사업을 시작했을까? 시간과 장소에 구애 없이 그리고 돈으로부터도 자유로워지기 위해서 시작한 일이 네트워크 사업이었다. 시간과 공간에 제약을 받고 살던 나에게 디지털 노마드는 내가 원하던 삶의 방식이었던 것이다. '네트워크 마케팅 사업도 디지털 노마드처럼 할 수 있다면…….'이라는 세계가 나의 생각에 들어온 것이다. 만약 실현이 된다면 더 이상 과거의 방법대로 일을 하지 않아도 시간과 장소의 구애 없이 돈을 버는 세상이 나에게 열리는 것이었다. 그래서 나는 과거로부터 배웠던 모든 시스템적인 방법들을 내려놓기로 결정했다. 그리고 나는 이제부터는 철저하게 디지털 노마드 네트워커로서 삶을 살겠다고 꿈을 꾸기 시작했다.

내가 노마트 네트워커가 되겠다고 결정한 데는 여러 가지 이유가 있었다. 그중 가장 큰 이유는 더 이상 과거의 네트워크 방법으로 사업을 진행하고 싶지 않은 마음에서였다. 나는 직장생활에서의 수직적인 구조가 너무 싫었다. 노력과 상관없이 수익을 분배하는 구조에 화가 났다. 그래서 선택한 일이 네트워크 마케팅 사업이었다. 내가 처음으로 플랜을 들었을 때 네트워크 마케팅의 수익구조는 수평적인 구조였고 노력에 의한 정확한 분배였다. 내가 일한 만큼 가져가는 구조이며 무점포, 무재고, 무자본이라는 매력적인 조건이었다. 그러나 막상 내가 현장에서 일을 해본 네트워크 마케팅은 완전히 달랐다. 자유로운 세상을 기대하고 들어간 시스템은 너무 폐쇄적이었다. 영업이 싫어서 선택한 일은 정보 전달이라는 단어로 둔갑된 채 오히려 더 큰 매출 스트레스로 다가왔다.

나는 하루, 한 달 동안 마감이라는 매출 스트레스를 받았다. 나만의 시간이란 있을 수가 없었다. 하루하루가 마감 앞에서 피가 말랐다. 내 말을 들어주지 않는 세상 사람들이 미웠다. 네트워크 마케팅 사업을 하면 할수록 너무 갈증이 났다. 결국 이론은 이론일 뿐인 것인가? 그렇게 내가 10년 가까이 진행한 네트워크 사업 안에서 한계를 느끼며 좌절하고 있던 즈음에 내게 새로운 삶의 패턴이 펼쳐졌다.

나에게 제품이 필요한 소비자가 먼저 찾아오고, 사업을 하고 싶은 사람이 찾아오거나 내가 나서서 상대를 설득하지 않아도 상대방 스스로가 납득이 되어 네트워크 마케팅이 확장될 수 있는 사업이 있다면 정말 멋진 일일 것이다. 더 이상 누구를 만날지 고민하지 않아도 되고, 단 한 사람을 만나기 위해 고속도로를 달리지 않아도 되는 등 더 이상 길거리에 돈을 뿌리고 다니지 않아도 되어 생명을 건 운전을 더 이상 하지 않아도 되는 삶이다.

내가 주변 사람들에게 이상적인 노마드 네트워커 삶을 이야기할 때 많은 이들은 안된다고 이야기했다. 그러나 나는 상관하지 않았다. 내가 그렇게 살고 있는 사람을 책을 통해 만났고 나도 단지 디지털 노마드로 살겠다고 결정하면 되는 것이었기 때문이다.

나는 사람을 만나서 이야기하는 네트워크 사업의 오랜 방법들을 노트북 하나로 소통을 할 수 있도록 만들기 위해 고민을 거듭했다. 그리고 노트북을 통해 사람들이 나를 찾아오게 만들 수 있도록 연구했다. 나 또한 처음에는 노트북으로 네트워크 사업을 한다는 것에 부정적으로 이야기한 사람들의 말이 이해는 되었다. 그만큼 처음 사업을 진행할 때 무척 힘이 들었다. 왜냐하면 노마드 네트워커라는 단어가 세상에 존재하지 않았으니 말이다. 나는 세상에서 아직 흔하지 않은 방법들을 만들어내는 것인데 어찌 쉬울 수 있겠는가? 생각의 반전을 필요로 하는 일이기에 나에게도 쉬운 일은 아니었다. 그러나 불가능한 일도 아니라고 생각했다. 나는 분명 디지털 노마드로 살고 있는 사람들을 보았기 때문이다.

세상에는 다양한 분야의 많은 사람들이 디지털 노마드로 살고 있다. 그렇기에 남들이 무엇이라 하든 신경 쓰지 않았다. 다른 사람의 의견이 내 인생을 더 이상 좌지우지하는 삶을 이제는 더 이상 살고 싶지 않았기 때문이다. 나는 내가 꿈꾸는 세상을 향해 한 발짝 걸어 나아가기 시작했다. 그렇게 나는 다시 내 꿈을 꾸기 시작했다.

네트워크 마케팅 회사가 만들어질 당시에 가지고 있던 어마어마한 장점들은 여전히 존재한다. 내가 쌓은 오프라인 경험을 기반으로 나만의 온라인 시장을 제대로 구축할 수 있다면 그 시장의 파급력은 어마어마할 것이다. 그렇게 나는 팀 패리스가 제시한 디지털 노마드 네트워커가 되었다.

그로부터 불과 1년의 세월이 흘렀다. 지금은 많은 사람들이 불가능하다고 이야기했던 일들이 나에게는 너무나 평범한 일상이 되었다. 지금의 나는 노트북으로 사람들과 소통한다. 나는 노트북으로 전국에 있는 많은 사람들을 만나고 해외에 있는 사람들과도 실시간으로 만난다. 덕분에 나는 돈과 시간뿐만 아니라 공간으로부터도 자유를 가지고 있다. 네트워크 마케팅 사업 안에서 인생의 자유를 누리는 것은 정말 멋진 일이다. 온라인 네트워크 마케팅 사업 안에서 나는 절대 가난해질 수 없는 환경에서 살고 있는 것이다.

어찌 보면 내가 이 책을 쓰는 이유는 나와 같은 꿈을 꾸는 사람들을 위해서이다. 너무 하기 싫은 일들을 억지로 하나씩 익혀나가며 거절의 상처를 받았던 그때의 나와 같은 누군가를 위한 책이다. 또한 매일 해야 할 일이 무엇인지 몰라 하루를 힘들게 살았던 그때의 나와 같은 당신을 위한 책이다. 그리고 이제 막 시작한 네트워크 마케팅의 새로운 세상에 흥분한 당신을 위한 책이기도 하며 지금의 나처럼 디지털 노마드를 꿈꾸는 네트워커를 꿈꾸는 누군가를 위한 책이기도 하다.

답이 보이지 않던 세상에서 나를 희망으로 이끌어준 수없이 많은 이들에게 감사하다. 그들이 자신들의 경험을 기꺼이 공유해주었기에 오늘의 내가 있다. 누군가가 나에게 자신의 경험을 기꺼이 공유해준 것처럼 나 또한 디지털 노마드 네트워커를 꿈꾸는 누군가에게 먼저 이 길을 간 선배로서 내가 느끼고 경험한 것들을 이야기해 주는 것이 옳다고 생각한다. 그러나 조심스러운 부분이 있는 것 또한 사실이다. 아직은 우리나라 네트워커들에게 내가 사는 세상은 조금은 이질적이고 낯설다는 것을 알기 때문이다. 과도기적인 이 타이밍에 내가 책을 쓴다는 것이 과연 잘하는 일일까 고민했다. 그렇기에 더욱 많이 고민하며 글을 썼다는 것을 꼭 기억해주기를 바란다.

이 책의 내용은 오프라인에서의 경험과 온라인의 경험을 통한 지극히 개인적인 경험이고 주관적인 생각들임을 다시 한 번 이야기한다. 오프라인과 온라인의 결과를 가지고 만들어낸 경험이니 많은 이들에게 조금이라도 도움이 되기를 바라며 그리고 내가 가진 평안함이 많은 이들에게 전달되기를 바란다.

1

초보 사업자가
알면
좋은 정보

001

왜 네트워크 마케팅 사업을 시작했나요?

책을 쓰려고 생각하다 보니 내가 어떻게 네트워크 사업을 시작했는지부터 되짚어 보게 되었다. 물론 사업 초기에는 마케팅에 대해 아는 것이 부족했고 실수도 많이 했다. 더군다나 혼자 시작하는 사업이라서 의견을 나눌 수 있는 사람도 없었고, 잘하고 싶은 마음만 커져서 외로운 마음도 들었다. 그런데 지금 생각해 보면 나처럼 사업을 처음 시작하는 사람이라면 이러한 과정은 모두 겪는 것 같다. 그래서 내가 지금처럼 사업을 일군 이야기를 하나씩 꺼내 보기로 마음먹은 것이다. 이제 막 사업을 시작한 사람이라면 내 이야기에 공감이 많이 될 것이다.

나는 시골에서 자랐다. 부모님은 모두 농사일을 하셨는데 아버지는 세상에 법이 없어도 사실만큼 호탕하면서 여유 있으셨고, 반대로 어머니는 생계를 책임져야 한다는 생각에 억척스러우셨다. 다른 면이 많은 두 분이셨지만 부모로서의 역할에서는 세상 그 누구보다 열정적이셨다.

시골에서 농사를 짓는 일은 쉴 새 없이 몸을 움직여야만 한다. 어머니는 농사일이 고되고 싫으셨는지, 아니면 자신의 고된 삶을 자식들에게 만큼은 물려주고 싶지 않으셨는지 서울에서의 생활을 꿈꾸셨다. 그 꿈은 이루어졌고 물론 서울로 이사를 와서도 형편은 넉넉하지 않았지만 지금 생각해 보면 그때 부모님의 결심은 지금의 내가 아무런 경제적인 지원 없이 미국으로 이민을 가는 것과 똑같은 일이라는 생각이 든다. 익숙한 환경을 버리고 새로운 일에 도전한다는 것은 그만큼 어려운 일이기 때문이다.

자식을 사랑하는 부모님의 마음을 깨닫고 나니 부모님에게 금전적으로 보탬이 되는 삶을 살고 싶어졌다. 돈으로 하는 것도 효도이기에 네트워크 마케팅 사업을 꼭 성공적으로 이끌어야한다는 생각이 들었다. 어른이 된 지금 더욱 부모님이 존경스러운 것은 밖에서 받은 스트레스를 절대 집에서는 내색하지 않으셨다는 것이다. 부모님의 그 성실함이 나에게도 그대로 전달이 되어 늘 긍정적으로 살 수 있는 에너지가 되었다. 그러나 부모님이 아무리 열심히 일을 했어도 가정형편은 좋아지지 않았고 오히려 경제적인 어려움을 더 겪게 되었다. 그때 단순히 열심히만 산다고 성공하는 것이 아님을 알게 되었다.

예전에는 열심히 일하면 누구나 부자가 된다고 했지만 부모님의 모습을 보면서 돈을 버는 일은 열심만으로는 부족하다는 것을 깨달게 되었다. 어릴 때부터 나의 꿈은 백만장자였다. 그래서 부자가 되기 위해서는 어떻게 해야 하는지 고민하기 시작했고, 그들의 사고방식과 삶의 방식을 닮기 위해 노력했다. 돈을 많이 벌어 내가 원하는 삶을 살고 싶다는 꿈이 강렬해졌고, 이런 욕망 덕분에 진로에 대한 큰 고민 없이 자연스럽게 금융회사에 취직을 했다.

배우자로는 대기업에 다니는 사람을 선택했고, 맞벌이로 열심히 일만 하면 곧 넉넉한 자산을 만들 수 있겠다는 생각을 했다. 그러나 은행에서 만나는 VIP 고객들을 보며 그들과 나 사이에는 보이지 않는 현실의 벽이 있음을 알게 되었고, 그 벽을 허물기 위한 답을 찾기 위해 노력했다. 그러나 그 과정은 만만치 않았다. 직장생활을 하며 급여에 안주하는 동안 어느새 10년이라는 시간이 흘렀다. 언제나 그렇듯 인생은 예측할 수 없는 것처럼 남편의 실직은 내 인생의 첫 번째 터닝포인트가 되었다. 거기에 생각지도 못한 둘째 임신은 두 번째 환경 변화 요인이 되었다.

남편의 실직과 임신으로 인한 휴직은 말 그대로 수입이 없어졌다는 의미였다. 그러나 수입이 중단되어도 매달 지출되는 돈은 똑같았다. 이때 처음으로 인생이 막막하고 두렵다는 생각을 했는데 그때 내 나이가 서른 두 살이었다. 대기업을 다녔지만 실직한 남편과 출산과 육아를 앞두고 있는 나는 과연 우리가 경제적으로 자유를 얻을 수 있을지 이야기하며 지금이야 젊으니 어떻게든 벌며 버틴다고 해도 앞으로 50~60대가 되면 그때는 어떻게 살 것인지 심각하게 이야기하지 않을 수 없었다. 부모로서 아이들을 잘 양육할 수 있을지에 대한 고민뿐만 아니라 지금 당장 생활비가 없다는 것에 불안함을 느껴야 했다.

앞날에 대한 걱정이 생기자 부부 사이는 나빠졌다. 모든 상황을 상대의 잘못으로 몰아가기 바빴고, 탓만 하느라 하루하루가 전쟁과도 같았다. 매일 어떻게 살아야할지 모르고 있을 때 만난 것이 네트워크 마케팅이었다. 위기는 곧 기회라는 말이 있듯이 이 위기 상황을 돌파하기 위해 무엇이라도 잡아야만 했다. 그 기회는 남편과 내가 여전히 직장생활을 하고 있었다면 아마도 그냥 지나쳤을 것이다. 그렇기 때문에 전화위복이라는 말처럼 지금은 그때의 어려움이 남편과 나에게는 너무도 큰 감사함이다. 물론 그때는 뭐라도 해야 한다는 절박함이 있었겠지만 현장에서 들은 네트워크 설명회는 내게 좋은 이미지로 인식이 되었다. 바로 네트워크 사업이야말로 40대에 시간과 경제적인 자유를 가져다줄 황금알로 보였다. 이미 네트워크 사업으로 많은 돈을 벌고 있는 사람들이 있었다. 오직 내 머릿속에는 새로운 유레카를 찾았다는 기분으로 부의 자유로움을 위해 끝없는 질문과 답을 찾기 시작했다.

그때 우리 부부가 현장에서 느꼈던 사업에 대한 비전과 감동은 지금까지 이어지고 있다. 우리가 비록 큰 제품을 만들어 고객에게 전달하는 것은 아니어도 소소하게 쓰이는 생활용품 같은 작은 제품들을 가까운 이웃들에게 먼저 전달해 보자는 마음이 네트워크 사업을 시작하게 된 원동력이었다. 이웃들을 만나며 제품력을 알리는 것이야말로 인생의 가치성을 느꼈고, 그것을 느끼며 사는 것이 희망이라는 것을 깨닫게 되었다.

희망이 있다는 것은 정말 감사한 일이다. 경제적인 불안과 두려움으로 다툼이 잦아지고 서로에게 상처를 주던 남편과 나는 사업을 계기로 어느새 서로 웃으며 이야기할 수 있게 되었다. 우리도 잘살 수 있는 방법을 알고, 그 기회를 만났다는 것 자체로 매일 신이 났고 그렇게 남편과 나의 파란만장한 네트워크 마케팅 사업은 시작되었다.

Tip

네트워크 마케팅에도 방법이 있다

내게 네트워크 사업은 인생의 바닥에서 고통받고 있을 때 새로운 기회가 되었다. 물론 경제적으로 허덕이고 있을 때라 무엇이든 가리지 않고 해야만 하는 상황이었지만 이 절박함과 간절함이 네트워크 사업의 고정관념이나 잘못된 인식관을 깨는데 도움이 되었다. 당시만 해도 내 주위에 있는 사람들은 내가 부유하게 잘살고 있다고 생각을 해서 내가 네트워크 사업을 한다고 이야기했을 때 부정적인 말을 하는 사람도 있었다. 하지만 주체는 항상 나이기 때문에 이 일을 직접 해보지 않은 사람들의 말은 들을 필요가 없다고 생각했고, 그들이 뭐라고 이야기하든지 별 관심도 없었다. 여전히 나에게는 이 사업으로 경제적 자유를 이루는 것만이 목표였기 때문이다.

돌이켜 보면 어느 위치의 사람이든지 내면이 성장하고 단단해지는 것은 생활의 고통에서 시작하는 것이라는 생각이 든다. 그렇기 때문에 지금 현실이 막막한 사람들이 있다면 나는 그 불편함과 어려움이 어쩌면 당신에게 기회를 가져다줄 수 있다고 이야기해주고 싶다. 만약 지금 당신이 네트워크 사업을 시작해야할지 말아야 할지 고민하고 있다면 누구의 말이 아닌 자기 자신의 내면의 소리에 귀 기울이는 것이 훨씬 좋은 일이 될 것이다.

나와 남편이 처음 네트워크 마케팅을 시작했을 때 작은 생필품을 좋은 사람들과 나누어 보자라는 생각이었는데, 제품을 써보았을 때 자신이 유용하게 사용을 하였다면 그 경험을 주위의 사람들과 또 나누고 싶어진다. 물론 제품이나 이 사업에 대해 부정적으로 이야기하는 사람의 말은 듣지 않는 노력도 따로 했다. 제품에 대한 객관적이고 정확한 정보를 찾기 위해 스폰서와 업라인들이 제공하는 방법도 받아들였지만 외국의 사례도 철저히 알아보았다. 직접 네트워크 마케팅에 관련된 책들을 찾아 공부하면서 네트워크 마케팅에 대한 확신이 더욱 들었다.

사업을 준비하는 과정에서 깨달은 것이 있다면 어떤 사람들은 부정적인 이야기를 많이 한다는 것이다. 물론 그 이야기가 네트워크 마케팅에 국한된 것은 아니다. 예를 들어 아이를 영어 유치원을 보내겠다는 엄마가 있다고 생각해 보자. 이 이야기에 정말 좋은 생각이라며 지지해주는 사람보다는 굳이 보낼 필요가 있겠냐며 부정적인 이야기를 하는 사람이 더 많을 것이다.

사람은 보통 긍정적인 반응보다 부정적인 반응을 보이는 것이 본능에 가깝다고 한다. 그래서 내가 무슨 일을 결정하고 실행하기 앞서 다른 사람의 이야기를 참고할 수는 있어도 절대적인 잣대가 될 수 없음을 깨달아야 한다. 또한 잊어서는 안 되는 것이 있다면 아무에게나 물어서도 안 된다는 점이다. 나보다 그 분야에서든 더 전문적이어야 하며 성공적인 결과물이 있는 사람에게 조언을 구해야 한다. 이 같은 말은 너무도 당연한 말일 것인데 실상 주위를 살펴보면 제대로 조언을 구하는 사람이 없을 뿐만 아니라 무분별하게 그 조언을 듣고 있는 사람이 더 많음을 알 수 있다.

전문적인 지식과 경험이 없는 사람에게 묻는 것은 사실 조언이나 충고가 아닌 개인의 감정으로 나를 걱정해주는 정도밖에 되지 않는다. 이 모든 것들을 깨닫고 난 뒤에는 주변 사람들의 말에 쉽게 동조하지 않을 수 있게 되었다. 이 과정들이 있었기 때문에 나 역시 네트워크 마케팅이라는 길을 걸을 수 있었다.

002

타인의 시선에서 자유로워지는 방법

사람의 감정은 간사할 때가 많다는 생각을 종종 한다. 나도 분명이 네트워크 마케팅 사업을 시작했을 때에는 돈을 많이 벌고 싶어서 시작했다. 그래서 성공하고 싶다는 마음도 강했고, 밤낮으로 열심히 공부했다. 네트워크 관련한 책이라면 고민하지 않고 모두 다 보았고, 한 달도 채 되지 않은 시간 동안 보지 않은 책이 없을 정도로 지식은 완전에 가까워졌다. 그런데 이 사업을 시작하려고 하니 지식과 경험보다 더 중요한 것이 있었다. 바로 '내가 네트워크 마케팅을 한다고 이야기를 하면 사람들이 나를 어떻게 생각할까?'라는 생각이 들었던 것이다.

타인이 의식이 되었고 내가 아무리 네트워크 사업에 대해 자신감이 있다고 해도 막상 누군가에게 이 사업을 전하려고 하는 순간 자신감이 없어졌다. 힘들게 사람을 만나 네트워크 사업에 대해 전달해 보면 오히려 상대가 나보다 더 전문가일 때가 많았다. 이런 모든 순간들은 나를 더욱 소심하게 만들었고, 앞으로 이 일을 잘해낼 수 있을까 하는 마음이 들게 했다. 사람들은 네트워크 마케팅을 다단계나 피라미드라고 이야기하면서 다른 사람에게 피해를 주는 무서운 일이라고 생각하며 돈을 벌기는커녕 오히려 빚만 잔득 지고 나오는 일이라고 생각을 했다. 사람들이 네트워크 마케팅을 접하고 보이는 반응을 미쳐 내가 알지 못했던 것이다.

사람들의 부정적인 반응에 난감해질 수밖에 없었다. 이 사업을 하겠다고 마음먹은 이상 사람을 만나 사업 소개를 해야 하는데 사람을 만나 입을 때는 것조차 너무 힘들었다. 분명히 이 네트워크 사업에 대한 긍정성과 확신이 들었던 나였지만 나를 소개하는 일은 한동안 참 어려웠다.

한 번은 이런 일이 있었다. 내가 소속된 회사와 같은 네트워크 제품을 많이 애용하는 사촌 동서를 만나려고 우리 큰아이를 데리고 그 집에 갔었다. 평소 자주 왕래하던 사이가 아니었는데도 무척이나 쑥스러웠고, 동갑이다 보니 더 만나고 싶지 않았다. 그럼에도 불구하고 스폰서들이 적극적으로 방문해 보면 좋다고 하니 울며 겨자 먹기 식으로 그 집 문 앞까지 갔다. 그 문 앞에서 심호흡을 몇 번이나 했는지 지금 생각해 봐도 그때의 쑥스러움이 생각난다. 용기를 내서 그 친구에게 "나 네트워크 사업해."라며 이야기를 꺼내었을 때 정말 자존심이 상했었다. 지금은 당당하게 웃으면서 하는 말을 왜 그렇게 창피해 했었는지 모르겠다. 그때는 내가 생각해도 자존감이 너무 낮았기 때문에 사람들을 만나 내가 시작한 사업에 대한 이야기를 한다는 것이 가장 어렵고 힘들었었다. 사람들이 나를 어떻게 생각할지 너무 신경이 쓰이고 무서워서 카탈로그를 건네주면서도 제대로 말 한마디도 못하고 아무런 결과물도 없이 돌아설 때도 많았다. 스스로 어처구니가 없다 못해 한심하고 화가 나서 스스로 채찍질도 많이 했다.

왜 나는 그때 이 네트워크 사업이 불법도 아니고 피라미드도 아닌 걸 알면서도 그렇게 주눅이 들었던 것일까? 한참이 지나서야 내 마음이 무거웠던 이유를 알게 되었다. 나 스스로 먼저 다른 사람을 의식하는 것이 문제였다. 타인이 나를 어떻게 생각하는지, 평판이 중요했기 때문에 사람들의 눈치를 봤던 것이다. 얼마나 내가 자존감이 낮은 상태로 살고 있는지 처음으로 직면한 시간들이었다. 그 당시에만 해도 자존감과 자존심이 같은 단어라고 생각하며 살았으니 무지했던 것만은 사실인 것 같다. 지금이야 이렇게 즐겁게 글을 쓰며 지난날을 떠올려 보지만 내가 겪었을 일을 지금 겪고 있을 초보 네트워크 사업자들을 생각하면 깊은 공감이 된다.

이미 그 길을 지나온 사람들은 왜 그 부분이 힘든지 이해할 수 없다고 이야기하거나 얼마든지 극복할 수 있는 일이라고 이야기한다. 그러나 과거의 자신을 생각하면 금세 그들의 고민이 쉬운 고민이 아님을 알게 된다. 처음 네트워크 사업을 시작하는 사람에게 필요한 것이 있다면 사업을 소개할 수 있는 당당함이다. 오랜만에 만나는 사람에게 내가 아직까지 네트워크 사업을 한다고 이야기하면 아직도 그 일을 하고 있냐는 식의 반응이 있는데 사실 지금도 종종 힘들 때가 있다. 좋은 강연이나 책, 그리고 스스로 타인을 의식하지 말자라고 생각해도 어떻게 의식을 안 하고 살 수 있을까. 30년 가까이 그렇게 살아온 나를 단번에 바꾸기는 쉽지 않은 일이다. 또한 상대방의 반응이 말하지 않아도 알 것 같다는 뉘앙스로 "아~"라고 이야기할 때의 괴로움이란 지금도 불편한 것이 사실이다. 그러나 언제까지 불편하다고 현실을 외면만 하고 있을 수는 없을 것이다. 알면 알기 때문에 오히려 무덤덤해질 수 있고 더 빨리 자신을 일으켜 세울 수도 있다. 내가 나를 존재시키는 것이지 남이 나를 존재시키는 것이 아니라는 것을 이제는 너무도 잘 알게 되었다.

Tip

네트워크 마케팅에도 방법이 있다

나 역시 처음에는 네트워크 사업을 어떻게 하면 사람들에게 잘 알릴 수 있을지 많은 고민을 했었다. 특히 네트워크 사업이라고 하면 피라미드나 다단계 형식을 생각하는 사람들이 많았기 때문에 이 부분을 극복하기 위해 노력했다. 누구나 자신이 선택한 일을 잘하고 싶은 마음이 있다고 생각하기 때문에 다른 사람을 의식하지 않고 당당하게 일을 진행하고 싶었다. 가끔 마음에서 할까 말까 갈팡질팡한다는 사람을 만나게 되면 그 일이 무엇이 되었든 망설이지 말고 일단은 저질러 보라고 조언한다.

나는 네트워크 마케팅을 시작하며 우선 상대방의 반응보다는 스스로 입을 떼는 것이 중요하다고 생각했기 때문에 상대방의 반응을 무시하고 일단 입 떼기부터 시작했다. 그리고 부정적인 생각들이 머릿속에 머물게 하지 않기 위해 성공한 사람들의 이야기나 그들의 강연 등을 끊임없이 들었다. 지금 생각해 보면 성공하기 위해 스스로 세뇌를 한 것인가 싶기도 하지만 그 당시에는 정말 유용하게 쓴 방법이기 때문에 지금도 이 방법을 주위 사람들에게 추천하고 있다. 또 한 가지 마음의 두려움을 없애는 좋은 방법으로 조용한 곳에서 깨끗한 종이에 자신이 두렵다고 생각하는 일들을 하나씩 적어보는 것이다.

예를 들어 사람을 만나는 것이 두렵다면 '**사람을 만나는 것이 두렵다. 왜?**

→ 그들이 나를 어떻게 생각할지가 두렵다 → 그들이 나를 어떻게 생각하는 것이 중요한가? → 중요하지는 않다 → 그럼 무엇이 중요한가? → 우리 가족이 생활할 수 있는 안정적인 돈 → 나는 어떻게 행동해야 할까? → 내가 정말 이 플랜을 전달하는 것이 맞는 일인지 먼저 점검한다 → 점검을 마친 뒤 그것이 맞으면 → 고민하지 말고 전달한다 → 그리고 그들의 반응에 내 감정을 차단한다

대부분의 사람들은 감정을 억누르면서 일을 하려고 한다. 그리고 그 두려움을 극복하려고 무던히 애를 쓰지만 막상 내 마음이지만 마음대로 되지 않을 때가 많음을 알게 된다. 나 역시 한 번 생긴 두려움을 억누르거나 없애는 데까지 시간이 꽤 걸렸다. 순간 올라오는 두려움을 잠시 억눌러 잠잠하게 만들 수는 있지만 사실 이런 감정은 순간 사라진 것이니 또 어느 때고 생길지는 장담할 수 없는 것이다. 더군다나 사업이 내 뜻대로 잘 풀리지 않을 때면 정말 이 사업이 맞는 것일까 부정적인 생각이 들며 흔들릴 때도 많았다. 이 모든 과정이 반복이었다고 생각하면 빠를 것이다. 내가 힘들어지다 보니 남편에게 부정적인 감정을 전달할 때가 많아졌고 그로인해 싸움도 잦아졌다. 이런 일들이 반복될수록 감정 소모가 너무 힘들어졌고, 감정에 대해 공부하기 시작했다. 감정을 억누르는 것이 아닌 그 감정을 인정하고 다독이는 것을 터득하자 사람을 대하는 것뿐만 아니라 사업을 진행하는 것에까지 자신감이 생겼다.

이제 차분히 앉아 자신의 감정을 글로 적어보자. 현재 내가 느끼는 공포와 두려움은 어디에서부터 시작한 것인지, 그것이 왜 두려운 것인지 적다 보면 어느새 그 일은 일어나지 않은 일이라는 것을 깨닫게 될 것이다. 일어난 일에 대한 두려움이 아닌 그저 혼자만의 감정이었다는 사실을 알게 되면 그 다음부터는 감정을 조절하는 데 한결 수월해진다.

실제 일어난 일이 아닌 것을 반복적으로 나에게 이야기하다 보니 어느새 부정적인 감정은 사라지고 사람을 만날 때의 불편함도 없어졌다. 그러면서 내가 왜 이 네트워크 사업을 시작했는지 이유에 집중했다. 이 사업을 시작하게 된 이유 중 하나는 사업이 갖고 있는 '정직성'이었다. 그리고 열심히만 하면 누구나 성공의 기회는 공평했다. 이 모든 것들을 내 것으로 만들고 나니 그제야 사람을 만나는 것 이상으로 상대가 원하는 것이 무엇인지, 또 내가 무엇을 도와줄 수 있을지 보이기 시작했다. 아직도 사람들의 시선이 의식이 된다면 내가 했던 방법들을 실천해 보는 것으로 당신도 많은 사람들에게 도움을 줄 수 있을 것이다.

003

지인이 나에게 제품을 구매하게 하려면?

사업은 내가 만든 상품이나 서비스를 누군가가 구매해 주어야 꾸준히 지속할 수 있다. 그래서 사업 초기에는 내 사업을 도와줄 사람이 꼭 필요하다. 내 사업을 도와줄 사람이 누굴까? 대부분 가족과 가까운 친구라고 생각할 것이다. 나 역시 가족과 친구들이 비빌 언덕이라고 생각했으니까 말이다. 그런데 네트워크 마케팅을 본격적으로 시작하자 이 생각이야말로 내가 뛰어넘어야 할 산이라는 것을 깨닫게 되었다. 사실 가족이라는 이유만으로 무작정 내 물건을 사줘야 하는 것은 아니다. 묻지도 따지지도 말고 무조건 친하니까 내 물건을 구매하라는 것은 강매에 가까울 것이다. 이런 관계는 가족이라도 싫기 마련이다.

제품을 사고파는 일은 금전적 거래만을 의미하는 것도 아니고 나의 상황을 무조건 이해받는 관계도 아니다. 지금 생각해 보면 사업 초창기에는 가족과 지인들에게 무리하게 사업을 소개하고 제품을 들이민 것 같아서 미안한 마음이 든다. 나의 경험 부족과 미숙함으로 인해 나의 입장만 보였지 상대방의 입장이나 감정을 잘 알지 못한 것이다. 세상에 당연한 것이 있던가? 아마 세상에 당연한 것은 없을 것이다. 당신은 지금 어떤가? 당신의 사업이 잘 풀려야 하니 가족과 친구들에게 허물없이 그리고 너무도 당연하다는 듯이 당신의 이야기만 하고 있지 않은가 생각해 보면 좋을 것 같다. 혹 그들이 당신의 생각에 찬물을 끼얹거나 제품을 살 수 없다고 했을 때 당신은 속으로 이제 이 관계는 끝이라고 생각하고 있지는 않은가? 제품 하나로 당신의 소중한 인연들을 혼자서 맺고 끊고 있지는 않은지 생각해 봐야 할 것이다.

오래 전의 일이다. 내가 사업을 시작하고 지인에게 영업을 막 배우기 시작했을 때였다. 어느 네트워크 사업이던지 이 사업을 시작하게 되면 사업 시스템 안에서 당신이 제품을 팔 수 있는 지인 명단을 적어 보라고 할 것이다. 이것이 이 사업을 시작할 수 있는 시발점이 되기 때문이다. 나 또한 마찬가지였다. 네트워크 사업을 선택하고 내가 제일 먼저 가이드 받은 것이 명단 작성이었다.

명단을 적으려고 생각하니 내가 살아오면서 만난 사람들이 떠올랐다. 이때 친한 사이가 아니어도 되니 내가 아는 모든 사람의 이름을 적었다. 그리고 그 사람들을 내 기준으로 평가하기 시작했다. 경제적으로 여유가 있는지 학교는 어디를 나왔으며 꿈이 있는 사람인지 아닌지 등을 기준으로 점수가 높은 사람들부터 약속을 잡기 위해 시도했다.

전화 통화를 시도하는 순간 마음 한쪽에서는 상대방이 전화를 받지 말았으면 좋겠다는 생각과 반대로 전화를 받았으면 하는 마음이 동시에 들었다. 어찌되었든 통화가 되는 순간은 정말 쥐구멍에라도 들어가고 싶은 마음이 들었지만 간단한 안부 인사를 나눈 뒤 내 용건을 말하기 위해 잠깐 보러가도 되냐고 물었다.

사실 나는 친구들 사이에서 연락 안 하기로 유명한 무심한 친구였기 때문에 대부분의 친구들은 나의 전화를 의아해했다. 그래서인지 친구들의 돌아오는 답은 내 말이 다 끝나기도 전에 "혹시 다단계 사업하는 건 아니지?"라며 물었고 그때마다 어색한 침묵이 흘렀다. 이런 일들은 정말 비일비재했다. 물론 눈치가 빠른 친구들은 자신이 말실수했다는 것을 알고 예의 있게 받아주기도 했다. "그래, 필요한 거 있으면 이야기할게." 그러나 내가 전화를 했던 몇 명의 친구들로 인하여 며칠 지나지 않아 내가 네트워크 사업을 한다는 것이 친구들 사이에서 알려졌다. 그 결과 내가 다단계를 시작했으니 내 전화는 받지 말라는 연락을 서로 주고받는 일까지 생겼었다. 그때를 생각하면 전화를 해도 받지 않는 친구들에게 엄청 화가 난 채 서운한 마음이 한가득이었던 것으로 기억이 난다. 그때는 나 역시 친구들의 그런 모습에 실망도 많이 했었다.

'다들 어쩜 나에게 이렇담.' 그런데 지금 생각해 보면 친구들의 반응이 당연한 것이라는 생각이 든다. 그 친구들이 나에게 제품을 구매해야 할 이유는 전혀 없었다. 그저 내가 친하다는 이유만으로 전화를 건 것이었는데 그 생각이 문제를 만든 것이었다. 실수는 경험을 만들고 경험은 가치를 만든다고 하지 않나. 지금도 그때를 생각하면서 친구들과의 오해를 풀었고, 친구들 역시 내가 잘되어서 다행이라며 서로 웃고 만다. 물론 나도 지나온 과정이다 보니 이렇게 이야기할 수 있지만 내가 겪었을 그 과정을 지금 지나는 당사자라면 정말 죽을 맛일 것이다. 자존심도 엄청 상하고 말이다. 그래도 어쩌겠는가. 그 코스는 필수인 것을 말이다. 지나온 선배로서 조언을 하자면 이 기간을 현명하게 잘 버티어 보라는 것이다.

Tip

네트워크 마케팅에도 방법이 있다

가까운 가족과 친구들에게 사업을 소개하거나 제품을 전할 때는 그들이 나와 가까운 관계라는 것을 마음에서 내려놓는 것이 좋은 방법이다. 그들도 내가 똑같이 최선을 다해야 할 고객임을 인지하고 마음가짐을 다잡는다면 그 어떤 상황에서도 감정적으로 흔들리거나 서운한 마음은 들지 않을 것이기 때문이다. 그리고 아무리 친하다고 해도 그들이 경제적 상황과 여건을 무시한 채 내가 추천하는 모든 제품을 구매할 수도 없는 일이다. 그래서 아무리 친해도 제품을 구매하지 않을 수 있다는 생각을 갖고 만나는 것이 좋다. 특히 그들에게 필요한 제품을 소개하는 것을 우선순위로 하는 것이 좋지 처음부터 내가 좋을 대로 큰 제품과 마감을 앞두고 급하게 만나지 말아야 한다.

내가 시간이 흘러도 정직하고 성실하게 사업을 계속 하고 있다면 가족과 친구들뿐만 아니라 그들이 소개해주는 또 다른 사람들을 만나며 얼마든지 소비자를 끊임없이 만날 수 있게 된다. 기억해야 할 것이 있다면 상대방은 내가 이 사업을 시작했는지 전혀 모른 채 나를 만난다는 것이다. 나의 변화를 그들도 받아들일 수 있는 시간적 여유가 필요할 뿐이다. 그들에게 내가 어떻게 사업을 진행하고 있는지 굳이 이야기해 줄 필요도 없고 오로지 나의 삶으로 이 사업을 증명해 보일 수밖에 없는 것이다. 내가 올바르게 성장하는 것만큼 상대방을 설득하기 가장 좋은 방법임을 잊지 말아야 한다.

004

저는 영업을 못해요!

내가 겁 없이 네트워크 마케팅 세계에 뛰어든 가장 큰 이유가 무엇일까? 곰곰이 생각해 보면 이 사업을 소개해 준 선배의 "세일즈가 아니라 브랜드를 체인지 하는 것"이라는 말 때문이었다. 그러다 보니 처음에는 정말 단순히 정보를 전달하면 되는 일이라고 쉽게 생각을 했다. 그런데 막상 밖에 나가서 이야기를 하면 사람들은 "지금 이 영업하려고 그 좋은 은행을 그만둔 거야?"라고 물어볼 때가 많았다. 그러면 나는 내가 하고 있는 것은 세일즈가 아니라 좋은 제품의 정보를 단순히 전달하는 것이라는 대답을 했는데 돌아오는 대답은 "그게 그거지."라는 말이었다. 그들 입장에서는 세일즈나 정보 전달이나 말만 다르다 뿐이지 영업하는 것과 뭐가 다른지 몰라서 묻는 말이었다. 어느새 묘한 신경전이 벌어지며 나는 그게 아니라는 구차한 변명을 늘어놓으며 말싸움 아닌 싸움을 하곤 했었다. 그런데 지금 생각해 보면 나 역시 네트워크 마케팅 사업을 제대로 몰랐기 때문에 벌어진 일이었던 것이다. 나조차도 이 사업을 제대로 이해하지 못했는데 무슨 수로 상대방을 이해시킬 수 있을까? 나의 말 한 마디로 인해 사람들은 네트워크 마케팅에 대한 안 좋은 인식을 더욱 갖게 되었고 그로인해 나도 상처를 받게 되었다.

나는 왜 그렇게 네트워크 마케팅이 영업이 아니라고 강조했을까? 네트워크 마케팅 사업은 세일즈가 맞는데도 말이다. 광고를 통해 제품이 유통이 되는 것이고 유통된 제품을 사용한 소비자가 그 제품이 마음에 들면 애용자가 되는 것이다. 즉 애용자를 구축하기 위한 첫 단계가 세일즈 즉 영업이라는 것은 상식인데도 말이다. 물론 예나 지금이나 일부 네트워크 시스템에서는 여전히 세일즈가 아니라 제품 정보 전달이라고 표현하는 곳이 많다. 그러다 보니 실제로 네트워크 사업자들이 배워야할 세일즈를 제대로 배우지 못하고 엉뚱한 것들을 많이 배우는 일들이 일어난다.

과거 내가 속했던 네트워크 회사의 권고 사항에 관련된 책을 보면 스폰서가 네트워크 마케팅을 세일즈라고 설명을 하지 않는다면 그 사람과 같이 사업을 하지 말라는 권유가 나온다. 그 문구를 읽던 날 어찌나 황당했는지 여전히 그 감정은 생생하다. 나는 회사가 권유하는 대로 사업을 진행하는 것이 아니라 교과서는 놔두고 참고서를 보고 공부했다는 자괴감에 빠졌었다. 그러니 당연히 결과가 완벽하게 나오지 않는 것이었다. 이 일이 있고 난 뒤 나의 세일즈 태도가 바뀌기 시작했다. 나 또한 세일즈라는 것을 인정하고 상대방에게 정확히 네트워크 마케팅의 세일즈 프로세스를 설명하기 시작했다. 그러면서 내가 제대로 네트워크 마케팅 사업이 세일즈라는 것을 알았더라면 좀 더 유능하고 좋은 친구들과 함께 이 사업을 이끌고 나갈 수 있었을 것이라는 생각이 들었다. 무척 아쉽기는 했지만 그렇다고 누구 탓을 할 수 있는 것도 아니었기 때문에 내 잘못임을 인지하고 더 발전하기 위해 노력했다.

한 번은 이런 일도 있었다. 나는 동네에서도 인사를 잘하고 다녔기 때문에 자연스럽게 이웃집에 초대를 받아 놀러 가는 일도 많았다. 이런 저런 이야기를 나누다 보면 내가 네트워크 마케팅 사업을 한다는 것을 이야기하게 되는데 그날도 그런 날이었다. 초대받은 집에 가서 이야기를 하자 그녀는 내가 하고 있는 네크워크 마케팅에 대해 호기심이 가득 차 이것저것 구체적으로 물어보는 것이었다.

나는 그날도 네트워크 마케팅 사업은 정보 전달이며 남을 돕는 선한 일이라는 이야기를 핵심은 벗어난 채 이야기하기 바빴다. 지금은 네트워크 마케팅은 세일즈를 기반으로 시작하는 일이라고 포장하지 않고 솔직하게 이야기하지만 그때는 정말 애송이었던 것이다. 그저 네트워크 사업을 그럴듯하게 포장하기에 바빠서 상대방이 알아듣지 못하는 이야기로 설명하기 바빴으니 그녀는 금세 흥미를 잃어버렸다. 그러고 나서 나중에야 알게 된 것이었는데 그녀는 세일즈를 업으로 할 만큼 잘하는 베테랑이었던 것이다. 보험 영업부터 시작해서 다양한 영업 기반을 가지고 있었기 때문에 그 기반을 갖고 새롭게 시작할 만한 일을 찾는 중이었던 것이다.

그녀에게 내가 네트워크 마케팅에 대한 정확한 설명을 했더라면 결과는 달라질 수 있었을 것이라는 아쉬움이 너무 컸었다. 나는 그 일이 있고 난 후에 네트워크 마케팅에 관련해서 다시 생각하게 되었다. 내가 하는 일이 단순히 정보 전달만 하는 일인지, 아니면 제품을 소비자가 구입할 수 있도록 세일즈를 하는 것이 맞는지 말이다. 만약 판매자가 상품에 대한 정보만 전달하고 그 제품을 구매할 수 있도록 리드하지 못한다면 무슨 소용이 있을까? 제품 설명만 하고 아무런 수익도 올리지 못한다면 해야 할 이유는 없는 것이다.

네트워크 마케팅은 직접 판매라는 표현이 더 맞을 것이다. 나 스스로가 네트워크 마케팅은 세일즈임을 인정하자 사업이 훨씬 쉬워졌다. 일단 나의 단어가 간단명료해지니 의사전달에 있어 더욱 명확하게 표현할 수 있고 불필요한 언쟁도 최소화로 줄어들게 되었다. 예전에 좋은 사람들을 아쉽게 놓친 경험들이 쌓여 지금은 네트워크 마케팅은 세일즈 영업이라고 이야기하며 그들을 나의 소중한 고객으로 만들 자산이 되었다.

Tip

네트워크 마케팅에도 방법이 있다

많은 사람들은 영업에 대한 두려움으로 제자리만 지키고 있다. 그러나 변화하지 않으면 도태되는 것이 현실이다. 영업을 못한다는 것은 경제활동을 잘 못한다는 것이고 그로인해 돈도 없으며 그런 환경은 절대 바뀌지도 않을 것이다. 사람은 누구나 새로운 것들을 배울 수 있기 때문에 지금 당신이 못하는 일은 배우지 않았기 때문일 가능성이 크다. 그래서 배우지 않았기 때문에 자신감이 없는 것은 당연한 일이다.

만약 당신이 지금 '나는 세일즈를 할 수 없어'라고 생각한다면 그것은 말 그대로 생각일 뿐인 것이다. 나 역시 이러한 생각에 빠져 살았기 때문에 적극적으로 세일즈를 하기 위해 밤낮 없이 공부하기 시작했다. 그중에 하나가 세일즈를 잘하는 사람을 찾아가서 물어보았는데, 일대일 컨설팅도 마다하지 않으며 돈을 지불했다. 그들의 노하우를 현장에서 배우고 나도 그 노하우를 사용하면서 나의 능력은 조금씩 향상되었다. 지금 생각해 보면 내가 잘한 것은 배우는 데 들이는 노력과 돈, 시간을 아깝다고 생각하지 않고 부지런히 투자한 것이다. 영업직에 종사하는 대부분의 사람들은 자신을 리크루팅한 사람과 그 조직에서 무상으로 제공하는 교육만 받으려고 하는데 잘못된 생각이다. 하지만 이것도 기억해야 할 것이 있다면 경험에 의한 전달은 체계적이지 못할 때가 있다는 것이다. 체계적이지 못한 경험에 의한 전달은 당신이 좋은 결과를 가져와도 그것을 다시 누군가에게 온전히 알려줄 수 없다는 한계가 있다. 물론 경험으로 노하우를 전달하는 것도 중요하지만 파트너에게 제대로 된 방법을 가르칠 수 없다면 그것은 네트워크 마케팅 사업의 장점을 제대로 살릴 수 없게 된다는 말이다. 이런 이유들은 내가 돈을 들여서라도 체계적인 세일즈 시스템을 공부하게 된 이유이기도 하다.

005

복잡하고 미묘하기만한 스폰서와의 관계

스폰서에 대한 할 말은 정말 많다. 내 인생에 가장 난코스였던 순간들이었기 때문에 이 이야기를 쓰자고 덤비면 원고 100장은 충분히 쓰고도 남을 것이다. 그만큼 스폰서는 네트워크 마케팅의 성공과 실패를 결정짓는 가장 중요한 부분이다. 나는 이 관계를 너무 쉽게 생각했었던 것 같았다. 내가 처음 만난 스폰서는 같은 회사 부부였다. 당시만 해도 나는 이 부부를 잘 알지도 못하면서 그들이 권유하는 미팅만 계속 쫓아다니며 왜 이 사업을 해야만 하는지 이유를 찾는 데에 급급했었다. 그만큼 사람을 알아보는 안목도 부족했었고 그들의 말만 믿고 이 사업에 무작정 뛰어든 것이었다. 물론 나를 가르쳐 준 부부도 누군가에게 그 사업을 배운 것이기 때문에 그들이 이 사업에 대해 이해하는 것과 내가 이해하는 것이 서로 다르다는 것을 오랜 세월

함께 있어 보며 알게 되었다.

사람들은 네트워크 마케팅 사업을 그만두는 이유로 빚을 지거나 돈이 되지 않기 때문이라고 생각한다. 그러나 사실 이런 이유보다는 스폰서와 파트너 관계에서의 문제로 인해 상처를 받고 그만두는 일이 생각보다 많은 부분을 차지하고 있다. 나 또한 스폰서와의 관계가 너무 불편하고 힘들었던 사람이었는데 그들은 상당히 수직적인 사고의 소유자였다. 시키면 시키는 대로, 하라면 하라는 대로 해야 하며 이해하지 못하면 외우라는 식으로 이야기를 했다. 그러면 나는 도무지 그 이야기들이 이해가 되지 않아 한숨이 쉬어질 때도 있었다.

내가 이 사업을 시작하게 된 가장 큰 이유는 자유롭게 사업을 하고 싶었기 때문이었다. 자유롭게 시간을 쓰면서 좋은 사람들을 만나고 싶었는데 나조차도 이해가 안 되는 프로세스를 무슨 수로 설명을 할지 너무도 막막했었다. 물론 내 성격도 칼같이 정확해야 앞으로 나아가는 점도 있지만 시키는 대로 무작정하기에는 스스로 납득이 되지 않아 움직일 수가 없었다.

나는 내 위에 상사나 아래에 부하 직원이 없다는 생각을 했고, 내가 왜 그들에게 나의 사업 내용과 하루 일과를 일일이 보고해야 하는지 받아들이기가 쉽지 않았다. 그러다 보니 나는 어느 순간에 그들의 사업 안에서 문제아가 되어 있었고, 덕분에 내 평생 듣지 않아도 될 비난을 이 사업 안에서 들었다. 개인적인 일이 생겨 미팅에 참석하지 못할 때조차도 내가 왜 미팅에 참석하지 못하는지 일일이 설명해야 하는 날이 많았다. 그때나 지금이나 나는 이런 조직이 말하는 성공 시스템을 받아들이기에는 너무 다른 사람이었다. 또한 많은 형제 사업자들이 시스템에서 이야기하는 내용들을 잘 따르며 상위 스폰서들에게 잘 보이기 위해 끊임없이 노력하는 모습을 볼 때면 내가 적응하지 못하는 것인가라는 회의감마저 들기도 했다.

사실 따지고 보면 이 네트워크 사업은 개인 사업이나 마찬가지인데 우리나라에서 유난히 스폰서와 업 라인이 차지하는 위치가 중요해진 것 같다. 그럼에도 불구하고 선배 스폰서들이 중요한 이유는 자신들의 사업이 안정화가 되려면 어느 정도 도움을 받아야 한다고 생각하기 때문이다. 사실 내가 열심히 해야 되는 일이지 스폰서가 열심히 도와줘서 되는 일이 아닌데도 말이다. 그러다 보니 일부 파트너 중에는 스폰서가 어떤 파트너와 시간을 많이 보내는가에 대하여 항상 날이 서 있고, 내 상위 스폰서가 다른 형제 파트너를 도와줄 때 자신도 모르게 질투심도 생기고 미워지는 일도 많다.

나도 내 사업은 하루하루가 피를 말리는 심정인데 스폰서 사업은 날로 번창하는 것 같은 모습을 보면 나도 모르게 기분이 나빴다. 물론 지금 생각해 보면 경쟁을 유발하는 네트워크 사업 안에서 생각이 많이 꼬여 있었던 것 같다.

나 역시 내가 처음 만났던 스폰서 부부에 대해 오해도 많았다. 그때는 내 생각이 좁기도 했었던 탓에 그들을 이해하지 못한 부분도 많았다. 당연히 내 태도가 곱지 않으니 그들 입장에서도 나를 대하는 것이 어려웠을 것이다. 그들 입장에서는 당연히 자신들의 목표를 이루기 위해서는 나만 바라볼 수만은 없었을 것이 이제는 이해가 된다. 그 당시 내 삶이 지독히도 어려웠기 때문에 아마 그 어려움의 화살이 그 부부에게 돌아갔던 것 같다. 결국 선배 스폰서와 의사소통이 잘되지 않으니 오해의 골은 점점 더 깊어졌다. 더욱 그들과 내가 생각하는 언어가 달랐던 것이 이 골을 깊게 만드는 요인이 되었다.

나는 '다르다'와 '싫다'라는 단어를 잘 몰랐다. 그렇기 때문에 그냥 그들과 나는 다른 것뿐이었는데 나는 언제나 내가 옳고 그들이 틀렸다라고 생각해 버렸다. 그 당시에 내가 제일 많이 했던 이야기가 그들은 틀렸다고 이야기하는 것이었으니 짐작이 될 것이다. 항상 그들의 방식은 틀렸다고 생각면서 나와 같이 일하는 형제 파트너들과 그들의 험담을 하느라 정신없이 시간을 소모했었다. 재미있는 것은 사람이 한 번 험담을 하기 시작하면 작은 눈 덩어리가 커져서 큰 덩어리가 되듯이 그들에 대한 작은 미움도 어느새 함께 네트워크 사업을 더 이상 할 수 없을 정도까지 이르게 되는 것이었다.

그들의 모든 게 미웠던 적이 있었는데 사랑과 미움은 종이 한 장 차이라는 말이 실감이 났다. 한때는 복장부터 헤어스타일, 말투까지 따라 한 스폰서였다. 그런데 어느새 나는 그들과 함께 일 분 일 초도 같은 공간에서 이야기하고 싶지 않은 상태가 되어 버린 것이다. 어찌 생각하면 다르다는 것을 나와 스폰서가 서로 인정하면서 발전을 도모했으면 좋았을 텐데 어리석게도 서로가 틀렸다며 인정하지 않으려고만 했다. 지금은 웃음이 나올 정도로 사업을 하기 이전에 참 이기적인 모습이었던 것 같다.

네트워크 마케팅은 기본 소득이 있는 것이 아니라 오로지 사업에서 나오는 수입으로 생활을 감당해야 하다 보니 너무 팍팍한 삶을 살지 않았나 뒤늦게 생각이 들었다. 그때 한 발씩 물러나 서로를 바라만 보았더라면 여유가 있었을 텐데 말이다. 물론 그때로 다시 돌아간다고 해도 그들과 잘 지낼 자신은 없다. 그들과 사업을 다시 시작하고 싶은 마음도 전혀 없으니 말이다. 왜냐하면 나도 그들의 모습을 통해 배운 그대로 어느 순간 내 파트너들을 대하고 있었기 때문이다. 미워하고 증오하면서도 싫은 부모의 모습을 따라 하는 것이 자식이라 했던 말이 떠올랐다.

나 또한 그렇게 싫어했던 내 스폰서 욕을 하면서도 그대로 그들의 모습을 따라 하고 있었던 것이었음을 시간이 한참이나 흐른 뒤에 깨닫게 되었다. 그들이 사람을 이용한다고 비난을 했으면서도 나 역시 그 비난에서 자유로워질 수 없었던 것이다. 어찌 보면 결국 내가 10년 동안 일궈 놓은 네트워크 사업을 떠난 결정적인 이유가 이 부분이었던 것 같다. 윈윈사업이라고 말하지만 결코 그 누구도 승자가 되지 못하는 스폰서와 파트너의 관계 속에서 상처만 받고 말았다. 그리고 내가 또 나의 파트너에게 똑같은 모양으로 상처를 주고 있었으니 말이다.

네트워크 사업 안에서 생긴 일들은 결국 나에게 성장할 수 있는 힘이 되었다. 첫 네트워크 사업의 끝은 좋지 않았지만 오히려 스폰서와 파트너들이 떠나가는 과정을 지나오면서 관계라는 것을 다시 한 번 되짚어보는 계기가 되었다. 모든 일들이 한꺼번에 일어나고 지나가면서 주변을 비로소 돌아보게 될 여유가 생겼다. 그 당시에는 나만 이런 관계에 놓여 있을 것이라고 생각했는데 정신을 차리고 주변을 둘러보니 네트워크 마케팅을 하고 있는 분들 중에 나와 같은 경험을 하며 고민하고 있는 경우를 많이 보았다. 물론 이제는 누구의 잘못도 아니라고 이야기한다. 단지 우리는 미성숙한 어른이기에 여전히 배워나가는 중이라 생각한다. 그럼에도 이제는 화목한 가정 안에서 자녀가 올바르게 자라듯이 네트워크 마케팅이라는 가정 안에서 서로를 존중하고 위해야 하는 것이 아닐까 생각해 본다.

Tip

네트워크 마케팅에도 방법이 있다

네트워크 마케팅을 시작할 때 누군가를 의지한다는 생각은 애초부터 하지 않는 편이 좋다. 특히 스폰서에게 의지하려는 마음은 불필요한 것으로 내 사업의 주체는 스폰서나 시스템도 아닌 나라는 것을 꼭 명심해야 한다. 이것만 지켜도 스폰서와 파트너 관계에서 서운함은 줄어들 수 있게 되고 주체적으로 더 하려는 사람에게 스폰서는 더 눈길도 가게 될 것이다. 스스로 자신의 사업을 운영할 줄 모른다면 어느 때고 당신의 사업은 어려워질 수 있다는 사실을 잊어서는 안되는 것이다.

나는 오랜 세월 동안 결과를 성공적으로 이끄는 사람들을 많이 만났다. 그들은 사업을 사업으로 바라보며 스폰서와 시스템에 의지하지 않고 자기 스스로 사업을 개척해서 결과를 만들어냈다. 나 또한 처음에는 내가 너무 미숙하다 보니 스폰서에게 의지하는 부분이 많았다. 그리고 내 뜻대로 움직여주지 않는 그들에 대한 실망감으로 네트워크 마케팅을 부정적인 시각으로도 바라보았다. 그런데 결과적으로 정말 어리석은 행동이었음을 알게 되었다. 왜냐하면 그렇게 행동하고 있는 동안 내 사업은 더욱 진행이 안되었기 때문이다. 그렇기 때문에 더욱 열심히 나 스스로 사업을 일궈 나가려고 공부를 많이 했었다. 스폰서에게 내 사업을 일일이 보고하고 스폰서가 일방적으로 하라는 대로 하는 것이 아니라 좀 더 구체적으로 어떻게 하면 결과를 만들 수 있을지를 밤낮으로 고민을 했다. 남편과 같이 의논을 하며 우리 가족 사업으로 일궈 나간 것이 스스로 자생할 수 있는 힘을 키운 것이다.

스폰서에게 물으며 하는 사업은 혼자 고민하는 것보다 쉽다. 하지만 내 사업을 스스로 결정하지 못하고 책임지지 못한다면 아마 파트너에 대한 영향력은 갖출 수 없을 것이다. 쉽게 얻어지는 것은 그만큼 쉽게 잃어버리기 쉽다. 네트워크 사업 또한 마찬가지이다. 사업을 스폰서를 통해 절대로 쉽게만 하려고 하지 말아야 한다. 스폰서에게 질문하기 전에 구체적으로 내가 먼저 알아보고 확인한 뒤 스스로 결정해야 한다는 것을 잊으면 안된다. 당신의 사업은 스폰서의 것도 아니고 오로지 당신의 것이기 때문이다.

006

너무 잘하는 형제 파트너가 미워요

어느 사회이든 대부분은 경쟁 관계 속에 놓여 있게 된다. 내가 은행을 다니며 힘들었던 가장 큰 이유는 옆에 직원의 실적이 나보다 뛰어나게 잘할 때였다. 그렇기에 동료와 선후배를 미워했던 일도 있었다. 그런데 이런 감정은 시간이 지날수록 내 자신을 더욱 초라하게 만들 뿐 그 어떤 이득도 없었다. 결국 나는 경쟁 관계 속에서 나를 극복하지 못한 채 직장을 그만두었다. 경쟁을 하지 않는 곳이 있을 수 없는데 그런 곳이 있다고 믿었으니 지금 생각해 보아도 참 어리석은 생각이었다.

나는 네트워크 마케팅을 시작할 때 스폰서가 잘되기 위해서는 파트너를 도와줘야 한다는 말을 액면 그대로 받아들였다. 물론 맞는 이야기일 수도 있다. 스폰서가 잘되기 위해서는 파트너를 도와야 한다.

그런데 그 스폰서에게 파트너는 나 혼자만 있는 것이 아니다. 부모에게 여러 명의 자녀가 있으면 그 자녀들은 서로 자연스럽게 경쟁하며 여러 가지를 터득하듯이 이 사업 역시 마찬가지이다. 그때 내가 형제 파트너를 선의의 경쟁 상대 정도로 이해하고 받아들였더라면 좋았을 텐데 당시에는 내 마음이 그리 크지 못했다. 같은 스폰서의 다른 형제 파트너는 성장하는데 그에 못지않게 내가 결과가 없으면 내내 못하는 나의 단점에만 생각이 집중되었다. 그리고 다시 은행에 다녔을 때처럼 스스로를 비난하고 파트너를 미워하기 시작했다. 결국 나는 제자리걸음만 열심히 뛴 채 첫 번째 사업에서 실패했다.

네트워크 마케팅은 누군가의 성공을 기폭제로 삼아 경쟁을 끌어올리는 시스템이다. 그래서 직급이 올라간 사업자들을 무대 위에 세우고 그들에게만 발언할 수 있는 기회를 준다. 물론 선의의 경쟁을 하며 이 경쟁을 통해 누군가는 좋은 자극제가 되어 성장하리라 믿는다. 그들의 노력을 인정해주고, 서로 축하해주는 일도 분명 맞다. 그러나 내가 속한 조직은 잘하는 사람에게만 스피치의 기회가 있었다. 잘하는 사람의 노하우를 듣고 그것을 내 것으로 만드는 것도 맞지만 시스템을 운영하는 그룹장의 가까운 지인들에게 그 모든 무대의 스피치의 혜택이 돌아가는 것은 이해하지 못했다.

성장하지 못하는 사업자는 그냥 시스템의 들러리로 서 있는 경우를 볼 때마다 내가 서 있는 그 자리가 더욱 힘이 들었다. 그러면서 서서히 네트워크 사업에 대해 마음이 냉담해져만 갔고, 자세히 내 마음을 들여다보게 되는 계기가 되었다. 나는 이 사업 안에서 살아남아야만 했고, 그렇게 하기 위해서는 어떻게 해야 하는지 깊은 고민을 하며 깨달은 것이 있었다. 바로 네트워크 마케팅에 대한 환상이 있었다는 것이다. 경쟁도 하지 않으면서 그저 아름답고 평화로워 보이기를 바라는 유토피아를 스스로 이 사업이라 생각했던 것이다. 그런데 현실은 유토피아는커녕 서로의 이해관계가 얽히고설킨 조직이었는데 말이다.

지금은 유토피아를 생각하며 경쟁 없이 서로를 배려하며 모두 잘사는 조직이 과연 좋은 조직일까라는 생각을 한다. 경쟁 없이 과연 그 조직이 끝까지 살아남아 발전할 수 있을까? 사람은 경쟁을 하며 발전하는 존재라고 생각한다. 나 또한 이 경쟁에서 살아남기 위해 피나는 훈련을 하며 나의 능력들을 개발시켰다. 처음에야 경쟁을 나에 대한 상처로만 생각했지만 시간이 지나고 보니 경쟁이 아니었으면 나 또한 나의 능력을 개발시킬 수 있는 기회를 얻지 못했을 것이라는 생각이 들었다. 그렇기 때문에 이제는 경쟁이 필요하다는 것은 인정하고 내가 누군가의 자극제가 되고 나도 자극을 받으며 살고 있다. 만약 아직도 제자리걸음만 하고 있다는 생각이 든다면 이 네트워크 사업을 무엇이라 생각하는지 자신을 되돌아볼 때임을 기억하면 좋겠다.

Tip

네트워크 마케팅에도 방법이 있다

어느 조직이든지 경쟁은 필수인데도 나는 그것을 견디지를 못했다. 그래서 직장도 그만두었고, 첫 네트워크 사업도 실패로 끝났다. 나는 왜 그토록 경쟁이 싫었을까? 마음의 여유가 없는 상태에서 뭐든 바라보았기 때문이었다. 네트워크 마케팅을 시작한 그 당시의 내 통장에는 잔고가 거의 없었다. 네트워크 사업을 하면 할수록 항상 마이너스 수입이었기 때문에 형제 파트너가 잘되는 것을 축하해 주기보다는 오히려 왜 나는 그처럼 하지 못하는지 한탄했고, 그 화살은 형제 파트너를 미워하는 것으로 끝이 났다. 내가 너무 생계가 어려우니 타인에 대한 이해심이나 좋은 마음이 전혀 들지 않았던 것이다.

내가 살기 위해서 내 방식대로 내 마음이 변하기 시작했고, 그렇게 화만 내고 살다 보니 삶은 더욱 고되어져만 갔다. 그러나 계속 이렇게 살 수만은 없다는 생각이 들자 그때 내가 선택한 방법은 내 마음 안에서 생존을 위해 고군분투하는 그 자아를 어루만지며 달래는 일이었다. 그리고 하루에 내가 감사할 것들을 두고 감사하며 스스로에게 집중했다. 이런 의식들이 반복이 되자 차츰차츰 나의 주변 환경들이 바뀌기 시작했다.

이 과정을 겪고 난 지금은 외부 자극에 민감하게 반응하지 않게 되었고 그로인해 결과도 좋게 만들 수 있게 되었다. 이 글을 읽은 누군가는 당장 먹고 살 수 있는 여유가 없는데 어떻게 여유로워지냐고 질문할 수도 있다. 나도 경험한 일이기 때문에 그들에게 자신감 있게 "안 굶어 죽어요."라고 대답한다. 정말 맞는 말이다. 굶어 죽는다고 생각하는 것은 그저 내 머릿속에서 그리는 가상의 일일 뿐이다. 그 두려움이 자신의 삶을 지배하게 해서는 절대 안 된다는 말이다.

현실에서 당신은 절대 굶어 죽지 않으니 마음의 여유를 만드는 것이 스스로 행복해지는 첫걸음임을 잊지 말기를 바란다. 돈이 많다고 행복한 것도 아니고 돈이 없다고 행복하지 말란 법도 없지 않은가. 모든 것은 내 마음에서 시작한다는 것을 배운 날부터 나는 감사와 행복으로 하루를 연다. 이제는 나의 긍정 에너지가 많은 사람들에게 영향력을 끼쳤으면 하는 작은 바람이 있다.

007

실적 압박이 힘들어요

만약 누군가 네트워크 마케팅 사업을 전업으로 해보라고 말한다면 일단 바보 같은 이야기라고 생각하는 게 좋다. 물론 그렇다고 이 사업을 부업으로 생각하며 시간만 흘려보내라는 말도 아니다. 이 사업은 단기간에 수익을 발생시키기가 쉽지 않기 때문에 무작정 뛰어들지 말라는 것이다. 나는 지금 2~3가지의 부의 파이프라인을 형성하며 그 안에서 다양하게 사업을 확장시키고 있다. 물론 나 역시 이런 수입원을 만든 계기가 네트워크 마케팅만으로는 생계를 해결할 수 없어서 시작한 것도 한몫을 했다.

네트워크 사업은 매월 실적이 너무도 중요했는데 실적이 좋아야 생계를 해결할 수 있는 수입이 생겼다. 그러니 그 실적 압박으로 인해 매달이 힘들었다. 마음에 여유 또한 없으니 누군가를 만나도 편하게 이야기를 하기보다는 지금 당장 내가 판매하는 상품을 구입해 달라는 부담어린 눈빛을 보냈다. 당연히 내가 부정적인 에너지를 상대방에게 보내고 있는데 누가 내가 판매하는 제품을 살까? 게다가 고객에 대한 이해와 공감 없이 그저 순간을 모면하듯 제품만 팔아치우기 급급했으니 오히려 고객들의 수는 늘기는커녕 제자리거나 줄어들었다.

네트워크 마케팅 안에서는 애용자를 구축하는 형태가 매우 중요하다. 하지만 생계가 급급한 나로서는 사람을 기다릴 여유가 없었다. 애용자를 구축하기 위해서는 관계를 형성할 수 있는 시간도 필요하고 그가 나를 신뢰할 수 있는 시간을 주는 것이 중요하다. 그런데 나에게는 그럴 여유가 없으니 사업은 점점 힘들어져 갔다. 운이 좋아 제품을 사용해 보고 효과를 느낀 고객들은 스스로 애용자가 되었던 것이지 대부분은 관리가 잘되지 않아 제품의 효과도 보지 못한 채 일회성 소비자로 끝났다. 꾸준한 애용자보다 일회성 소비자가 늘다보니 매달 돌아오는 실적 압박에 대한 스트레스는 더욱 커졌고, 시스템 안에서도 제시할 수 있는 방법이 한계가 있다 보니 내 마음은 점점 무거워져만 갔다.

최근에 내가 컨설팅을 해드린 50대 중년 여성에게 네트워크 마케팅에서 어떤 부분이 가장 힘드냐고 물어보니 매월 실적을 채우는 것이 너무 어렵다며 이 일상이 반복되는 것이 무섭다고까지 했다. 나 또한 열심히만 했던 네트워커로서 많이 공감이 되는 고민이었다. 일부 네트워크 회사에서는 마감이 따로 없다고 이야기하는 곳도 있다. 만약 정말 그런 회사가 있다면 그 회사는 정말 대단한 회사일 것이다.

Tip

네트워크 마케팅에도 방법이 있다

매월 실적 압박을 느끼는 이유는 여러 가지가 있겠지만 생계 해결이 제대로 되지 않았기 때문이다. 또 반대로 생계를 걱정하지 않고 사업을 하는 사람들은 네트워크 성장이 거의 일어나지 않는다. 우리는 어찌되었든 발등에 불이 떨어지지 않으면 굳이 열심히 해야 할 이유를 찾지 못하는 사람일 확률이 큰 것이다. 이런 이유로 매월 실적 압박을 받고 있는 것을 무조건 부담스럽고 스트레스라고 생각하는 것은 아니라고 생각한다. 만약 내가 돈이 없다면 부지런히 움직여 결과를 만들어내는 원동력이 될 것이고, 이 경험은 쌓이게 되어 어느새 네트워크 사업이 성장하는 기반이 되기 때문이다. 그래서 현실을 있는 그대로 받아들이고, 실적에 대한 압박감이 들 때면 이 또한 자신이 넘어야 할 산이라고 생각하길 바란다.

입으로 불만불평을 뱉어내고 무엇 때문에 못했다는 핑계 역시 에너지 소모일 뿐이다. 부정적인 생각에 휩싸인 것을 매일 감사함으로 바꾸어 나간다면 신기한 일이 벌어진다. 어려웠던 상황들이 조금씩 개선이 되고 그로인해 나 자신이 달라지는 것이다. 내가 깨달은 것 중에 하나는 모든 것의 변화는 있는 그대로 받아들이는 것부터 시작이라는 것이다. 사실 이 세상에 바꾸고 싶은 것이 많은가? 그러나 다른 외부 환경을 바꾸려고 하기보다는 먼저 자기 자신부터 점검하며 바꾸는 것을 시도하는 것이 우선시되어야 하고 실제로도 그것이 더 빠를 것이다.

지금 내가 가지고 있는 문제점, 어려움, 약점 등이 있는가? 있다면 솔직히 그것을 받아들이고 마음을 고쳐먹어 보자. 문제점을 본질적으로 접근하다 보면 어느새 그 문제는 사라지고 없을 것이다. 이미 그 문제들을 해결할 수 있는 능력이 자신에게 길러졌음을 확인하면서 어느새 마음 또한 편안해질 것이다.

나는 여전히 마음을 수련하는 일에 시간을 투자한다. 지금 마음이 복잡하고 힘들다면 그 마음 그대로 내버려 둘 것이 아니라 스스로 달래가며 자신이 원하는 방향으로 갈 수 있도록 노력해 보자. 어떤 선택을 하느냐에 따라 인생은 달라지지 않나. 마감은 사업을 성장시킬 수 있는 기회임을 생각하며 목표를 이루는 소중한 시간들이 되기를 바란다.

008

저는 이제 만날 사람이 없어요

네트워크 마케팅 사업을 누군가에게 권유하면 대부분의 사람들은 "저는 만날 사람이 없어요."라고 이야기한다. 맞는 말이다. 나 또한 이 사업을 처음 시작했을 때 만날 사람이 없다고 생각했다. 처음에 네트워크 사업의 플랜을 들을 때 만날 사람도 없고 아는 사람이 없으니 남들은 미팅이 끝나면 약속된 곳을 향하는데 나는 갈 곳이 없어 한참 동안 방황을 하기도 했다. 그러다보니 어쩔 수 없이 만났던 사람을 또 만나는 식으로 반복했다. 지금 생각해 보면 그 당시에는 내가 만나는 사람들에 대한 기준도 없던 때이기도 했다. 주로 내가 만나는 사람들은 형편이 좋지 않았고 그러다 보니 나도 좋은 영향을 받지 못했다. 새로운 사람을 자꾸 만나야 하는데 그렇지 못하다 보니 당연히 결과는 매달 좋지 않았다.

내가 유독 성장이 더딘 이유를 그때 빨리 알았으면 좋았을 것이지만 한참을 알지 못했던 것 같다. 그저 시간을 때우기 위해 사람을 만났고 그 만남을 나는 사업을 하고 있다고 착각하며 보냈던 시절이었으니 말이다. 이렇게 허비한 것은 시간만이 아니라 노력도 함께였다는 것을 나중에 깨닫고 나니 너무 후회가 되었다.

네트워크 사업에서의 자산은 그냥 사람이 아니고 '좋은 사람'이다. 모든 사람이 네트워크 마케팅 사업을 해야 되는 것도 아니기 때문에 내가 만나는 사람 역시 무조건적으로 아무나 만날 필요가 없는 것이다. 준비되지 않는 사람들에게 내 시간을 무제한적으로 투자하는 것이 아님을 그 시간을 통해 배우게 되었다. 준비가 되어 있지 않은 사람에게 내가 아무리 이야기한들 나의 바람만 커질 뿐이지 돌아오는 것은 아무것도 없을 때가 비일비재했기 때문이다.

사람은 유유상종이라고 하지 않은가? 까마귀는 까마귀와 놀게 되어 있고, 백로는 백로와 놀게 되어 있는 게 인생이다. 까마귀가 백로와 친구가 되기까지 얼마나 오랜 시간이 지나야 하는지 사업 초기에는 알지 못했었다. 어찌 보면 까마귀는 절대 백로와 친구가 될 수 없을지도 모르는데 말이다. 심지어 닭에게 독수리가 되기를 강요하던 시기도 있었다. 네트워크 사업을 통해 내게 가장 고마운 자산은 사람에 대한 통찰력과 이해할 수 있는 안목들이 조금씩 생겼다는 것이다. 이런 경험은 어디에 가서도 살 수 없는 일이기 때문에 감사하다.

Tip

네트워크 마케팅에도 방법이 있다

요즘 종종 드는 생각은 내가 과거에 만났던 사람들이 나와 함께 이 네트워크 사업을 시작할 수 있었을까 하는 생각이 든다. 아마도 그들은 이 사업을 시작하려고 하지 않을 것이다. 나는 네트워크 사업을 당장 큰돈이 들어가지 않기 때문에 공짜라는 생각으로 나의 시간과 노력은 생각하지 않은 채 사람들을 만났다. 이 사업에 대한 의도와 목적을 이해하려고 하지 않는 사람들에게 사업 설명을 하기 일쑤였고 덕분에 결과는 항상 정해져 있었다.

네트워크 마케팅은 사람이 자산인데 이 말은 사실 엄청난 가치를 지니고 있는 것이다. 그래서 대부분의 사람들은 자신이 대하기 만만한 사람을 주로 타깃으로 잡고 그들을 만난다. 하지만 어려운 상대가 아닌 늘 만만하고 편한 상대만 골라서 사업을 한다면 그 사업이 발전할 수 있을까? 이 글을 읽고 있는 당신은 먼저 자기 자신부터 점검해 보면 좋겠다. 그리고 당신이 만나려고 하는 사람들을 적어보고 그 명단에 스스로 자신감이 있다면 그것은 당신에게 좋은 자산이 될 것이다. 하지만 반대로 스스로 만족스럽지 않다면 그 명단은 아예 활용하지 않는 편이 좋을지도 모른다.

이제 "나는 만날 사람이 없어요."라는 말을 옛말이다. 마음만 먹으면 당신의 말에 귀 기울 수 있는 좋은 사람들을 만날 수 있다. 단지 그들을 만나기 위한 노력을 제대로 발휘해야 하는 것만 문제로 놓였을 뿐이다. 지금 나는 정말 좋은 사람들과 함께 시간을 보낸다. 내가 먼저 그들에게 좋은 사람이 되어 준다면 상대도 나를 신뢰하고 좋은 관계로까지 발전할 수 있다. 처음에는 힘이 들겠지만 현실의 상황에 안주하고 싶지 않다면 용기를 내어 지금의 자리를 떠나라. 이제는 좋은 사람들이 당신을 찾아오게 하는 방법을 배워보자.

009

과연 나는 될까? 안될까?

내가 처음 이 사업을 만났을 때 다니던 직장의 연봉이 4,000만 원이 넘었을 때였다. 그렇기에 나는 이 네트워크 마케팅 사업으로 이 연봉보다는 당연히 더 많은 수익을 낼 수 있으리라 생각했다. 네트워크 성공자들이 강단에 서서 이야기하는 것을 들어보면 이 사업은 누구나 시작하기만 하면 고수익을 올릴 수 있다고 이야기한다. 나 역시 이 말이 막연한 환상이라는 것을 모른 채 나도 저 반열에 오를 수 있다고만 생각했었다. 하지만 막상 내가 현장에 나가서 지인들을 만나면 거절당하기 일쑤였고, 이 횟수가 늘어나면서 네트워크 마케팅 사업이 맞는 것인지 불안함에 확신조차 흔들릴 때도 있었다.

시스템 미팅에 나가면 '나는 된다'라는 생각을 심게 되는데 그 미팅을 마치고 집에 돌아오는 길에는 여전히 답은 보이지 않고 막막하기만 했다. 정말 내가 이 사업에서 만족할 만한 수익을 낼 수 있을지에 대한 의문과 질문들이 내 머릿속을 가득 메웠다. 정말 이 사업을 잘 꾸리고 싶어서 다니던 직장도 그만두었는데 아침에 눈을 뜰 때면 한숨부터 나오던 시절이었다.

사업 초창기에는 수없이 많은 자기계발서를 읽었는데 이것도 사실 내 것으로 소화하는 데 힘이 들었다. 그들이 말하는 대로 66일 동안만 꿈에 미치면 된다고 해서 꿈에 내 모든 것을 걸어 보아도 내 머릿속은 더 복잡해지고 뿌연 안개가 가득 들어차 있는 느낌이었다. 세상 사람들은 다 잘사는데 나만 못 살고 있는 기분이 들었다. 특히 한 주가 시작되는 월요일이 너무 싫었고, 어렵게 잡은 약속도 당일에 취소되는 일이 비일비재했기 때문에 기분이 좋지 않은 날도 많았다. 그러면 역시나 머릿속에 드는 생각이 정말 이 사업이 되는 사업인지 의문이 들었고, 성공 여부에 대한 자괴감과 부정적인 생각이 들었다. 지금 생각해 보면 그렇게까지 부정적일 필요는 없었는데 왜 그때는 그렇게도 마음이 힘들었는지 모르겠다.

당신은 어떤가? 만약 네트워크 사업을 시작한 지 얼마 되지 않았다면 아마도 내가 그랬던 것처럼 당신도 지금 이 시기가 막막할 것이다. 힘들고 외로운 마음에 지금이라도 포기하고 싶은 마음이 굴뚝같지만 막상 포기도 할 수 없는 이 상황을 말이다. 나 역시 지금은 웃으면서 이야기할 수 있지만 다시 과거로 돌아가 그때의 네트워크 사업 방식으로 하라고 한다면 도망갈 것이다. 정말 과거 사업의 형태는 너무 어려운 방법이었던 것이 맞는 것 같다. 거절을 즐기라고 말하지만 어느 누가 거절당하고 기분 좋게 웃을 수가 있을까?

물론 상위 1%의 사업자들은 이 거절을 즐겨서 사업에 성공했을지는 몰라도 나는 지금도 거절당하는 것이 힘들고 원하지도 않는다. 물론 그 시절 거절당하지 않을 나만의 방법들을 더 찾아보았으면 좋았겠다는 생각도 든다. 단순히 내가 잘 모른다는 생각으로 회사에서 말하는 패턴과 방식으로 나 스스로 이 사업을 접근했으니 말이다. 그럼에도 불구하고 시스템에서 하라는 것들은 정말 다 해 본 것 같다.

100명에게 사업 설명을 해보라고 해서 말도 안 되는 상황에서 사업 설명도 해보았고 질문으로 시작하는 콜드컨택으로 사업자를 찾았다는 성공자의 이야기를 듣고 온 날은 무작정 이 방법을 써보기도 했다. 수없이 많은 요리 미팅을 진행해 보았고 새벽에 고속도로를 달리는 것은 너무나 흔한 일상이었다. 그렇게 노력으로 다른 사람들의 몇 배의 일을 채워도 여전히 내 마음속에는 내가 과연 할 수 있을까?라는 질문이 계속 밀고 올라왔다.

그 질문에 대한 답을 외면하면 할수록 더욱 그 부정적인 질문은 나의 머릿속을 가득 채우고 마음까지 점령했다. 그 순간이 가장 힘들었다. 부정적인 것들을 외면하며 억지로 마음을 긍정의 상태로 유지하려다 보니 결국은 건강에 이상이 생기기 시작했다. 내 마음 깊숙한 곳에서 올라오는 질문들이 나를 너무 힘들게 했던 것이다.

'과연 내가 그들이 말하는 핀을 달성할 수 있을까? 나도 돈을 벌

수 있을까?'

그 달에 내가 도전하는 일에도 마음속에서는 부정적인 목소리가 가득했다. 나의 내면이 어두워져 있는데 갑작스레 약속이 깨지거나 누군가가 나를 거절할 때 이 울림은 더 크게 마음에 자리 잡아 나를 더욱 힘들게 했었다. 물론 스폰서와 시스템에서의 위로가 도움이 되지 않았던 것은 아니다. 하지만 그것은 잠깐의 위로일 뿐이지 아무것도 나에게 도움이 되지 않았다.

당신은 지금 어떤가? 지금 사업의 현장에서 열심히 뛰고 있는 자신에게 어떤 질문을 던지고 있는가? 긍정적으로 문제를 해결하고 그 긍정의 언어로 자신을 격려하는 사람이라면 일상이 반복되고 지친다며 웅크리고 있지는 않을 것이다. 당신이 아직까지 나 혼자 두려운 것 같고, 나 혼자 만날 사람이 없다고 여긴다면 이렇게 이야기해 주고 싶다.

"당신만 그런 것이 아니에요. 이제 스스로 질문하는 방법부터 바꾸어 보는 건 어때요? 좀 더 긍정적으로요. 힘내요!"

네트워크 마케팅에도 방법이 있다

인간의 뇌는 신기하게도 언제나 정답만 제공하기 위해 노력을 한다고 한다. 그리고 스스로 질문한 것에 대해서는 100% 답을 하기 위해 노력한다는 것이다. 그래서 뇌를 적극적으로 활용할 수 있는 질문법이 중요하다. 아침에 눈 뜨며 사업이 잘되지 않을 때나 약속이 깨질 때를 생각하며 스스로 '내가 정말 될까? 일이 이렇게 밖에 안되는데 네트워크 사업이 되겠어?'라고 질문해 보자. 그러면 뇌는 그에 맞는 답을 찾느라 바빠질 것이다. 곧 뇌는 내 상황에 맞추어 '맞아. 너는 안돼!"라며 답을 만들어낼 것이다. 이런 뇌의 속성을 안다면 질문법을 좀더 산뜻하게 바꾸어 보는 것이다.

'어떻게 하면 일이 잘될까?' '어떻게 해야 내가 이번 달에 원하는 결과를 만들 수 있을까?'

스스로 질문의 수준을 높이고 자세를 바꾸면 뇌의 회로는 이 상황을 만들기 위해 열심히 답을 찾기 시작한다. 그리고 내가 바라는 결과가 나올 수 있도록 그에 맞는 상황까지 만들어 준다. 나는 2~3년 동안 사업의 성패 여부를 놓고 고민했는데 이후에는 어떻게 하면 성공할 수 있을지를 놓고 고민했다. 그 수많은 시간 동안 고민하던 것들이 하나둘씩 해결되는 동안 내게 스스로 한 질문들이 지금의 나를 만든 것 같아 감사한 마음만 든다.

2

네트워크 마케팅의 환경이 바뀌고 있다

001

우리는 현재를 살아간다

내게 2017년 12월은 그 어느 해보다 추운 해였다. 10년 가까이 진행한 네트워크 사업체를 자발적으로 탈퇴하고 후회와 자괴감만 남아 있던 때였다. 24시간 중 20시간을 치열하게 살았고, 구입한 지 4년 정도 된 차의 주행거리는 35만 킬로미터가 넘었으며 직접 구워낸 파이의 개수만 하더라도 무려 천 개가 넘었었다. 항상 나의 집은 사업장으로 오픈이 되어 있었기 때문에 사람들로 북적거렸고, 전국을 돌아다니며 판매한 제품의 금액만 해도 컸다. 그렇게 내 열정과 젊음, 시간과 노력을 다 쏟아부었지만 결국 나는 네트워크 마케팅 사업을 스스로 박차고 나온 셈이다. 그저 이 상황이 막막하기만 했었다. 벌여 놓은 일들은 많았으며 가정의 경제 문제도 엄두가 나지 않았다. 은행을 그만두었을 때보다도 더 큰 상실감과 두려움이 찾아왔었다. 그때의 좌절감과 두려움, 공포는 겪어보지 않는 사람은 상상하기 힘들 것이다. 네트워크 마케팅만이 희망이고 유일한 성공길이라고 생각했기 때문에 뒤도 돌아보지 않고 정말 열심히 달렸다. 그런데 그 시간들이 허무하게 지나간 것 같아서 좀처럼 마음을 잡을 수가 없었다. 또 내가 다시 네트워크 마케팅을 시작한다 해도 과연 이 만큼 다시 올 수 있을까 하는 두려움도 있었고, 당장 먹고 살 걱정부터 해야 할 처지가 되었기에 그 막막함은 공포에 가까웠다. 사업 실패라는 그늘 속에서 골똘히 생각했다. '나는 분명 죽기 살기로 열심히 했는데 왜 결과는 이렇게 되었을까? 나는 왜 네트워크 마케팅을 실패한 것일까?'

실패를 곱씹으며 몇 달을 흘려보내자 내 옆에 남아 있던 파트너들도 각자의 이익을 따지며 모두 떠났고, 정말 나 혼자 남게 되었다. 끊임없이 사람들이 모여들던 집에는 더 이상 사람들이 찾아오지 않았고, 나 역시 사람들을 다시 불러 모을 엄두조차 나지 않은 채 며칠 밤을 지새웠다. 그러면서 나의 의지와 상관없이 네트워크 마케팅 시스템도 발전이 없다면 시간이 갈수록 오히려 세일즈가 더 어려워질 것이라는 판단이 들었다. 시스템 자체의 획기적인 변화가 없다면 아무리 내가 애를 써도 한계가 분명히 있을 것 같다는 생각이 들자 한숨이 절로 나왔다.

나도 물론 현실을 인정하기까지 시간이 꽤 걸렸다. 그러나 문제를 인식만 하고 붙잡고 있는다고 무엇이 달라지는 것은 아니기 때문에 스스로 인정할 것은 해야만 했다. 생각해 보면 이 네트워크 사업 자체를 내가 가장 이기적인 마음인 상태일 때 시작한 것이기 때문에 아무리 열심히 한들 결과가 그만큼 좋을 리는 없는 게 인지상정 아니겠는가. 네트워크 마케팅 안에서 신뢰 관계가 깨지고 무너지고 나니 누가 옳고 아닌지를 분별할 수조차 없을 만큼 나의 사업체는 혼란 그 자체였다. 어차피 시간이 가면 깨지고 어그러질 네트워크라면 하루라도 빨리 정리하고 나오고 싶은 마음이 들었다. 거짓된 희망에 내 인생을 담보로 다시 허구적인 삶을 살고 싶지 않았다. 그 순간 현실을 인정하고 정면으로 마주하니 나에게 남는 것은 감사함뿐이었다.

10년 네트워크 마케팅 사업에서 손을 떼자 남은 것은 엄청난 액수의 빚이었다. 시대를 제대로 읽지 못하고 불나방처럼 이 사업에 무작정 덤벼든 대가라고 생각하기에는 큰 빚이었지만 앞으로의 삶을 좀 더 현명하게 살아가게 할 교육비라고 생각하면서 금세 털고 일어날 수 있었다. 지난 시간들을 인정하고 나니 모든 것이 좋은 경험이었고, 다행히 몸이 건강하여 무엇이라도 시작하면 되는 것이었다. 건강을 잃지 않고 돈으로 인생에 가장 큰 교훈을 얻을 수 있었으니 이것 역시 감사하면 되는 일이었다.

혹독한 2017년의 겨울을 뒤로 하고 2018년을 맞이했다. 내가 받은 교육이 20세기의 것들이었다면 21세기를 살고 있는 이때에 맞는 교육법을 발견하면 되는 것이었다. 그동안 내가 써먹은 방법은 20세기 네트워크 방법이었기 때문에 21세기에 사는 사람들에게 제대로 사업을 전달할 수 없었던 것이다. 당연히 공감과 소통이 되지 않다 보니 결과를 만들어내기가 쉽지 않았고 그만큼 힘들었다. 시대를 읽지 못하는 리더나 구성원들은 언제든지 실패할 수 있다는 것을 뼈저리게 경험한 시간이었다.

성공의 가장 큰 조건 중에 하나는 시대를 읽어내는 힘이다. 그 힘이 성공을 가져오는 필수 조건임을 많은 책에서도 이야기한다. 그 이유는 무엇일까? 제품을 소비하는 소비자들이 변화했다는 이야기이고 네트워커가 후원해야 할 예비 사업자들의 성향이 변화했다는 뜻이다. 이제는 제품을 유통시켜야 할 대상이 바뀌었는데 아직까지 그 부분을 인지하지 못한 채 소비자들을 만나고 예비 사업자들을 만나니 당연히 결과는 안 좋을 수밖에 없는 것이다. 20세기 네트워크 마케팅 방식으로 사업을 한다는 것은 열심히 뛰어도 결과를 내기가 아주 어려워진 사업을 한다는 뜻이기도 하다.

비즈니스를 할 때 많은 선배들이 조언하는 이야기 중 하나가 효율성이다. 네트워크 마케팅도 비즈니스이다. 즉 20세기의 네트워크 방법은 이미 효율성이 많이 떨어지는 방식인 것이다. 이 부분에 대해 공감한다면 계속 나의 이야기를 들어보는 것이 도움이 될 것이다. 그러나 여전히 전통적인 방법만을 고수한다면 남들은 초고속 열차를 타고 목적지를 향해 가는 동안 당신은 걸어가는 것을 만족으로 삼으며 사는 것이나 똑같다. 세상이 얼마나 빠르게 변화하고 있으며 환경은 또 어떻게 바뀌는지 알아야 당신이 원하는 수익을 창출할 수 있는 것이다. 지금은 네트워크 마케팅으로 돈을 버는 일보다 더 쉽고 빠르게 수입을 만드는 일이 다양해졌다. 직장을 다니지 않고 1인 브랜드 기업으로 월 천만 원 이상 버는 사람도 많다. 나 역시 지금 노마드 네트워커로 매월 수천만 원의 소득을 올리고 있다.

1990년대부터 2000년대에 진행하던 네트워크 마케팅은 지금 시대와는 전혀 맞지 않는다는 사실을 알고 있어야 한다. 언제까지 노후준비를 이야기할 것이며, 인세 수입을 노리고 있을 것인가? 세상에 스마트폰이 나오면서 세상은 하루가 다르게 변화하고 있다. 40대 은퇴자들이 더 이상 네트워크 마케팅 사업을 노후에 하는 일쯤으로 여기는 직업군이 아니라는 말이다. 네트워커들도 이제는 인정을 해야 한다. 네트워크 마케팅을 해야 할 이유를 노마드 디지털 시대에 맞추어 접목시켜서 새로운 대안을 제시하지 못한다면 네트워크 마케팅 사업도 시대에 뒤처질 수밖에 없는 사업임을 말이다.

나는 항상 분명히 1990년대에서 2000년대 초반에 먼저 네트워크 사업을 선점한 그들의 성이 무너지고 새로운 세상이 열려 시대가 바뀔 것이라고 생각했다. 내가 조용히 그 시대를 읽고 그 틈새시장을 간파할 수만 있다면 그 새로운 영역을 먼저 선점할 수 있으리라 믿었던 것이다. 그리고 나는 지금 그 세상이 왔음을 알고 있다. 과거 우리 네트워커 선배들이 극 선점한 초기의 오프라인 시장처럼 극 선점의 기회가 지금 온라인 시장으로 온 것이다. 이 기회는 누군가는 잡을 것이고 또 그냥 지나치는 사람도 있을 것이다. 이제 자신이 어떤 쪽에 설 것인지 다시 한 번 생각의 돛을 올려야 할 때이다.

002

세 번의 부의 혁신

지금까지 우리나라는 세 번의 혁신을 거쳤다. 첫 번째는 제조업의 혁신으로 1차적으로 엄청난 부가 이곳에서 발생했다. 그리고 두 번째 부의 혁신은 인터넷의 발달로 포털 사이트 등을 들 수 있다. 인터넷의 발달은 1차 제조업의 혁신과는 비교할 수 없을 정도로 빠르게 성장했고, 그 부의 축적 역시 비교할 바가 못 되었다. 이것은 바로 모바일의 혁명으로까지 이어졌는데 2009년의 일을 이야기 안 할 수가 없다.

네트워크 사업을 시작하면서 휴대전화를 바꾸러 매장에 갔었다. 그 당시에 대부분의 휴대전화는 폴더 형태였다. 정말 다양한 휴대전화 사이에서 삼성에서 나온 스마트폰은 정말 신기하고 디자인까지 예뻤다. 그래서 그 휴대전화를 보고 구매하고 싶어 고민하고 있었는데 주위 사람들이 말리는 것이었다. 이유는 아직 대중화가 되지 않았고 사용하기가 불편하지 않느냐는 것이었다. 그래서 결국 스마트폰을 포기하고 다시 폴더폰을 구입했는데 몇 달 지나지 않아 미국의 아이폰이 국내에서도 출시가 되면서 대중은 언제 폴더폰을 사용했냐는 듯이 스마트폰으로 바꾸기 시작했다.

특히 내가 스마트폰을 산다고 하니 극구 말리던 친구들이 애플에 열광하는 모습을 보고 생각이 복잡해졌었다. 사람들은 정말 자신들의 생각을 시대의 흐름에 따라 손바닥 뒤집듯이 금세 바꾼다. 오늘 아무리 날씨가 좋다고 해도 내일이라고 좋으리라는 법이 없는 것처럼 말이다. 또 사람들은 다른 사람의 삶에는 관심도 없으면서 반대로 조언하는 일은 서슴지 않는다는 사실도 깨달았다.

또 다른 예를 들자면 네트워크 사업을 하다 보니 차로 이동하는 일이 많았다. 한 달에 기름 값이 100만 원을 넘는 것은 너무 흔한 일상이었다. 자잘한 배달부터 일주일에 두세 번 이상은 지방을 오가야 하니 차량 유지비가 너무 많이 들었던 것이다. 그래서 2013년에 하이브리드 차량을 구입하려고 했지만 주위 사람들은 이구동성으로 차 구입을 말렸다. 이유는 아직까지 우리나라에서 하이브리드 차는 위험하다는 이유로 차 구입을 말리는 것이었다. 그런데 하이브리드는 1997년 일본에서 안정성 문제로는 이미 검증이 끝난 상태였다. 그럼에도 불구하고 많은 사람들은 자신들이 접하지 못한 새로운 무엇인가를 누군가가 도전을 한다고 하면 제대로 잘 알지도 못하면서 조언하는 것이다.

대부분의 사람들은 자신이 익숙하지 않은 것에는 무조건 부정부터 한다. 사실 아무리 친한 친구라고 해도 자신의 삶만큼 내 삶에 관심이 있는 것은 아니다. 그리고 주위 사람이 잘되는 것을 내 일처럼 그리 기뻐하지 않는다는 것도 깨달았다. 지금 생각해보면 자신들이 갖지 못하는 것을 누군가가 갖는 것을 그냥 싫어했던 것 같다. 그 이후로도 내가 새로운 것에 호기심이 많아 신문물을 접할 때마다 역시 그들은 끊임없이 부정적인 이야기를 했다. 하지만 어느새 그것이 반복이 되고 있다는 것을 나 스스로 깨닫고 그들의 이야기는 무시하고 내가 생각하는 대로 결정하게 되었다.

다시 본론으로 돌아가서 우리가 스마트폰을 지금은 너무나 당연하게 사용하며 살고 있지만 사용에 익숙해지고 점령하는 데까지는 어느 정도 시간이 걸렸다. 그런데 인터넷과 모바일의 조합은 10년도 채 되지 않았지만 어느새 우리 생활의 필수품같이 되어 버린 것을 생각하면 매우 놀라운 일이다. 스마트폰 보급은 시대를 더 빠르게 변화시키고 있다. 어제의 트랜드가 오늘의 구시대적인 발상이 되는 셈인데 이미 인스타그램, 페이스북, 유튜브 등의 모든 SNS는 매일 발전에 발전을 거듭하고 있다. 그리고 우리가 이 모든 기능과 버전들에 익숙해지기도 전에 다시 새로운 시스템이 세상에 나올 준비를 하고 있다.

세상은 온라인 속도만큼이나 빠르고 무섭게 변하고 있다. 그래서 아직 '나는 스마트폰을 사용하지 않을 거야'라며 사람들의 속도를 무시하고 자신만의 속도를 지키며 살기가 어려워졌다. 또한 사람들과 소통하는 직업인 네트워크 마케팅 사업자의 입장에서 스마트폰 세상은 더 많은 생각을 하게 만든다.

인터넷은 전 세계인들을 하나로 묶을 힘을 가졌고, 인종과 국가를 따지지 않고 누구나 친구가 될 수 있으며 해외 수입 제품을 더 저렴하게 구입할 수 있게 되었다. 또 그 밖의 많은 정보를 빠른 속도로 교류할 수 있게 되었다. 이렇게 빠르게 변화하는 세상에서 네트워커들은 자신이 어떻게 살아남아야할까 생각해 본 일이 있는가?

많은 미팅과 시스템에서 4차 산업혁명을 이야기하고 있다. 그들이 이야기하는 4차 산업혁명에 대해 네트워커는 과연 어떻게 이해를 하고 있으며, 어떠한 준비로 그 기회를 잡아야 할까? 내가 그동안 다양한 네트워커 회사의 사업자들을 인터뷰하며 컨설팅을 하는 동안 가장 아쉬웠던 것은 대부분의 네트워커들이 속한 시스템은 아직도 3차 산업혁명에 머물러 있다는 것이었다. 시대는 진화하는데 아직도 네트워크 마케팅 회사의 사업 시스템은 2000년대 초반의 방식에 머물러 있는 것이다. 물론 왜 변화가 더딘지 또한 이해는 간다. 새로운 방법을 도입하는 것은 상위 리더들이 리스크를 감수해야만 하기 때문이다. 그들이 새로운 문물을 받아들이기 어려운 이유는 여러 가지가 존재한다. 회사 시스템 안에서 자유로울 수 없는 것도 있고, 온오프라인 기반이 약하기 때문이기도 하다.

나는 현재 네트워크 회사나 어떤 시스템 안에서 그 누구보다 자유로운 입장이기 때문에 다양한 방법들을 구사하며 사업을 진행하고 있다. 이 방법들은 나만의 노하우가 되어 사업을 꾸리는 기반이 되었고 특히 온라인 마케팅을 네트워크 사업에 접목하기 시작하면서 오프라인에 기반한 다양한 사업들도 구축할 수 있게 되었다. 이 모든 사업들은 어떻게 보면 내가 갖고 있는 특수성이 될 수 있을 것이다. 그러나 이제는 내가 진행하고 있는 온라인과 오프라인의 연결 방식을 많은 네트워커들도 알아야 한다. 왜냐하면 4차 산업혁명이 급속도로 진행되고 있기 때문이다. 이 혁명을 많은 사람들은 AI가 인간의 일자리를 빼앗아가고 많은 이들을 실직자로 만든다고 하면서 이로 인해 인간의 삶은 피폐해지고 도처에서 많은 문제가 발생할 것이라고 이야기한다.

우리나라의 경제 또한 경기가 좋지 않은데 물가가 오르는 상황이다. 그렇기에 많은 이들이 삶에서 어렵다는 이야기를 많이 한다. 부익부 빈익빈은 더 심화될 것이고 실제로 젊은이들의 실업률은 더 올라가고 있다. 그런데 대부분의 사람들이 힘들다고 이야기하지만 나는 지금 오히려 예전보다 더 잘살고 있다. 수업료를 아끼고 아까워하며 이 4차 산업에 대한 이해를 완벽히 하고 있지 않으면 네트워크 사업의 성공은 장담할 수 없는 일이 될 것이다.

스마트폰의 보급은 또 다른 세상을 열었다. 지금도 누군가는 다른 이의 기회를 빼앗아 더 빠르고 쉽게 큰 부를 이루고 있다. 이 기회를 모바일이 제공하고 있다는 사실이 너무 놀랍지 않은가? 성공하는 사람과 실패하는 사람의 조건이 다른 것이 아니다. 실상 같은 때가 많은데 이들은 확연히 다른 결과를 만들고 있는 것이다.

당신은 어느 쪽이 될 것인지 생각해 보자. 아직도 소비자를 만나기 위해 전국 방방곡곡을 찾아다니고 있는가? 아니면 당신이 살고 있는 동네라는 한정된 공간에서 사업을 하고 있는가? 남에게 아쉬운 소리를 하며 자존심에 상처를 받고 있지는 않은가? 지인 영업의 한계에 좌절을 겪고 있는 당신의 모습에서 답이 보이지 않는다면 사업 방식의 전환을 시도해야 할 때임을 알아야 한다.

많은 네트워커들이 놓치는 부분 중에 하나가 세상과 단절되어 제대로 된 정보를 가지지 못한 채로 세상과 소통하려고 하는 것이다. 생각해 보면 세상은 빠르게 변화하며 초고속으로 달리고 있는데 언제까지 마차를 타고 세상 구경이나 하는 식으로 달릴 것인가? 느린 것은 빠른 것을 절대 잡을 수 없다.

지금 신흥 부자들이 어디에서 쏟아지고 있는지 알고 있는가? 노마드 디지털이라는 의미를 제대로 이해하고 있는가? 스타벅스 카페에 온종일 한 번 앉아 있어 보거나 공유 오피스에 있어 보면 많은 사람들이 노트북 하나로 세상의 돈을 끌어모으고 있다는 것을 알 수 있을 것이다.

내가 처음 노마드 디지털 네트워커를 꿈꾼다고 이야기했을 때 그때도 많은 네트워커들이 비난했다. 네트워크 사업은 사람을 만나는 것이 핵심인데 어떻게 노트북 하나로 이 네트워크를 형성할 수 있겠느냐며 비웃는 것이었다. 하지만 결과에서 보여지듯이 1년이 채 되지 않은 시점에서 고객들이 나를 찾아오게 만들었고 그로인해 돈으로부터 자유로워졌다. 또한 이 경험을 기반으로 여러 가지 사업체를 만들어 운영해가고 있다. 뿐만 아니라 유능한 파트너들을 온라인상에서 찾아내어 빠르게 네트워킹화 하고 있다. 내가 마차를 버리고 초고속 열차에 탄 이유다.

이제는 변화의 시기이다. 당신도 이제 손에 쥐고 있는 스마트폰의 진짜 매력에 빠질 차례다. 변화를 두려워하지 말고 그 변화에 자신을 맡겨 보자. 모바일 세계는 정말 신나고 즐거운 일이 가득하다는 것을 깨닫는다면 나처럼 온라인 네트워크 마케팅으로 시간과 돈으로부터 자유로워질 수 있을 것이다. 나는 지금 이 순간도 21세기 스마트폰의 시대를 살아가고 있음에 감사하며 이 시대에 차고 넘치고 있는 사업의 기회와 그 편리성에 감탄한다.

003

네트워크 마케팅에서 마케팅은 하고 있나요?

내가 네트워크 마케팅 사업을 그만두고 처음으로 한 일은 마케팅을 다시 배우는 것이었다. 다시 배우며 느낀 것은 비전문가에게 그동안 배웠다는 것이었다. 다시 일어서리라는 마음으로 찾아간 스승은 마케팅 분야에서는 최고의 실력을 자랑했고 그만큼 고액의 수업 비용을 들여서 배워나갔다. 그에게 배운 마케팅을 내 사업에 적극적으로 반영해나가자 불과 3개월 만에 오프라인 10년 경험보다 더 큰 빛을 발했다. 정말 전문가에게 제대로 배우기 시작하자 마케팅을 배운 지 3개월 만에 남들이 원하는 월 천만 원 이상의 수입을 가볍게 넘은 것이다. 수입이 안정화되자 꼼꼼히 내 사업을 다시 분석하게 되었다.

분석 결과 나는 네트워크 마케팅에서 네트워크에만 열심히 했지 마케팅에 대한 부분은 무지했다. 사실 네트워크 사업에서 가장 큰 근간을 이루는 것은 제품의 유통이다. 유통을 한다는 것은 소비자가 제품을 구매해야 하고 그 구매를 통해 매출이 발생해야 나에게도 수익이 발생하는 것이다. 또한 적극적으로 소비자를 만들 수 있는 사람을 후원해서 그가 또 다른 소비자를 만들 수 있도록 해야 한다. 이 부분이 선순환이 되어야 수입이 지속적으로 나오는 것인데 예전에 내가 속했던 그룹은 사람의 숫자에 비해 소비자를 만드는 힘이 약했다. 쉽게 말해 매출이 사업자 근간으로 일어나다 보니 사업의 안정성이 떨어졌다. 그 이유는 기존의 시스템에서는 마케팅 분야를 잘 몰랐기 때문이다.

마케팅이란 무엇일까? 마케팅의 사전적 정의는 생산자가 상품 혹은 용역을 소비자에게 유통시키는 데 관련된 경영 활동이라고 한다. 대부분의 사람들이 마케팅이 어렵다고 말하는데 사실은 네트워크 회사에서 사업자에게 마케팅을 맡겼고, 각자의 방식대로 그 안에서 다양하게 매출을 일으켜 수입화하라는 이야기가 더 맞을 것이다.

과거 내가 속해 있던 시스템에서는 네트워크 마케팅을 단순히 유통과 광고라고 이야기를 했지만 사실은 유통과 광고를 제대로 하기 위해서는 마케팅이 필수인 것이다. 그렇기 때문에 마케팅을 공부할수록 마케팅을 중요하게 생각하여 트렌드를 선도하는 사람과 그저 제품이 싸고 좋으니까 써보라는 식의 마케팅 방법은 아예 차원이 다른 것이다. 대기업들은 굴삭기로 땅을 파서 건물을 단기간 내에 짓는데 대부분의 네트워커들은 숟가락으로 땅을 파서 건물을 올리고 있는 모양새이다.

예를 들어 한 네트워커가 20년에 걸쳐 네트워크 회사를 전전하다 결국 신생 네트워크 회사에 들어가 3~4년 안에 수십억을 벌었다고 이슈가 된 사례가 있었다. 네트워커들이 그 리더를 따르고 기꺼이 그렇게 되고 싶다며 그 회사로 많이 옮겨갔다. 반면 내 친구 중에 하나는 무점포, 무재고, 무자본으로 온라인에 사업을 접목시킨 지 불과 2~3년 사이에 연 20억 가까이 벌어들이고 있다.

그 친구는 네트워커도 아니고 집에서 재택으로 아이를 키우면서도 이 수익을 벌어들이고 있다 보니 더욱 비교가 되었다. 그렇다고 네트워크 마케팅이 노력에 비해 수입이 작다는 이야기를 하려고 하는 것이 아니다. 그 만큼 세상이 변했고 이제는 제대로 된 마케팅 법이 중요하다는 것을 이야기하려고 하는 것뿐이다.

생각해 보라. 얼마나 많은 네트워커들이 고속도로에 목숨을 내놓고 위험하게 질주를 하고 있는지 말이다. 엄청난 주행거리를 기록하며 전국방방곡곡을 누비며 수익을 내는 삶이 있는가 하면 또 다른 누군가는 좀 더 효율적으로 일을 하고 있는 셈이다.

나 역시 세상에 나와 온라인 네트워크 마케팅 비즈니스를 구축해 보니 예전의 오래된 사업 방식이 얼마나 비효율적이었는지 깨닫게 되었다. 물론 지금도 여전히 바쁘지만 옛날의 바쁨과는 차원이 다르다. 예전에 하루에 20시간을 일을 해도 결과가 없는 날이 너무 많았고 스스로 움직이고 있다는 것에 위로를 받았다면 지금은 1시간만 일해도 기대 이상의 효과가 있었다. 그 차이는 내가 제대로 배우며 일을 일답게 진행하고 있기에 가능하다는 생각이 든다. 가끔 제품이 필요해 제품을 구입하러 네트워크 마케팅 제품 구입처에 갈 때마다 여전히 발품을 팔며 지인 영업을 하고 있는 사업자들을 본다. 존경스럽기도 하고 또 안타까운 마음이 들기도 한다. 아마 그들이 오프라인 사업 안에서 성공을 위해 무엇을 희생하고 무엇을 담보하는지 너무 잘 알고 있기 때문에 내 마음이 가는 것일 것이다.

이제는 오프라인에서 결과를 만드는 것이 경제적으로나 시간적으로 쉽지 않다. 그래서 오래된 시스템을 멀리 하라는 이유이기도 하다. 또한 네트워크가 이제는 사람을 직접 대면하여 연결하는 것이 아니기 때문에 온라인 자동화 시스템을 하루빨리 구축하기를 바라는 것이다. 이 자동화 시스템을 구축시켜 놓으면 어느새 자신이 꿈꾸던 자유로운 네트워커의 길을 걷는 지름길이 된다. 그래서 나는 지금도 비싼 수업료를 내며 최신 마케팅 비법들을 만족스럽게 배우고 있다.

세상은 무척 빠르게 변하고 있지 않은가. 지금 빠르게 배워나가지 않으면 코앞에 다가온 기회도 놓쳐 버리기 쉬울 것이다. 그 기회는 다시 찾아오지 않을 수도 있다. 이 사실을 알고 있다면 일의 우선순위와 배움을 정하며 그에 맞는 돈의 사용 순서로 움직여야 한다.

지금 앞을 향해 달려갈 준비가 된 네트워커들에게는 19세기 미국에서 금광이 발견되어 사람들이 몰려든 골드러쉬 시점이 될 수도 있다. 그 속에서 누군가는 진짜 부자가 될 것이고 누군가는 부자가 되는 것을 바라만 볼 것이다. 그렇다면 그 차이는 무엇일까? 세상의 돈이 어떻게 움직이는지 그리고 사람들이 어느 곳에 돈을 지불하는지 배워야 한다는 것이다. 그들이 어느 순간 마음의 문을 열고 기꺼이 자신의 지갑을 여는지 공부하지 않는다면 당신의 지갑에는 채워지는 것이 없이 여는 일만 닥칠지 모른다.

004

4차 산업혁명의 재해석

어느 네트워크 회사를 불문하고 공통적으로 이야기하고 있는 부분이 4차 산업혁명이다. 도대체 4차 산업혁명이 무엇이길래 이렇게 떠들어대는 것일까? 내가 생각하는 4차 산업의 기반은 어마어마한 정보들 즉 빅데이터를 기반으로 이루어져 있다고 생각한다. 빅데이터를 AI 인공지능에 주입함으로써 그들이 사람이 할 수 있는 일을 대신하는 것이다. 앞으로 AI에 의해 대체될 직업군을 생각하면 생각보다 그 시기가 빨리 다가오고 있음에 놀라고 지금은 선망의 대상이 된 직업들이 AI에 의해 대체될 전문직군들인 것을 확인하면 두 번 놀라게 된다. 존스홉킨스 대학에서 시범적으로 오픈된 AI 의사 왓슨은 그 대표적인 사례이다.

우리는 앞으로 이 전문직들의 몰락을 어떤 형태로 받아들여야할지 생각해 봐야 할 것이다. 그리고 우리가 지금 하고 있는 네트워크 마케팅 사업에서 이러한 사회적인 변화가 어떤 영향을 줄 것인지에 대해서도 깊은 고민을 해야 하는 시점인 것이다. 인공지능 의사의 출현은 앞으로 우리의 직업의 개념을 바꾸어 놓고 있는 셈이다. 앞으로의 일을 이야기하기 전에 이미 지금도 단순하고 기계적인 것은 사람이 아닌 로봇들로 대체되어 생산력을 높이고 있지 않은가.

나는 은행에서 오랜 시간 일을 했다. 그때도 간단한 업무를 처리할 수 있는 기계가 지점으로 들어올 때마다 인원 감축은 일어났다. 과거에는 한 지점 당 20명씩 일을 했다면 지금은 3~4명이 일하고도 오히려 시간적 여유가 있을 만큼 전산화가 잘 이루어져 있다.

사람이 돈을 버는 모든 것들이 이렇게 빠르게 AI에 의해 대체되어 갈수록 앞으로 우리의 경제활동에 대한 두려움이 생기게 되었다. 세상의 뉴스들은 이 두려움을 이용해 끊임없이 기계로 대체되는 사람들의 직업을 이야기한다. 매체는 사람들의 공포심을 이끌어내며 어떻게 먹고살지에 대해 심각하게 문제를 제기하고 있는 것이다. 이미 뉴스나 미디어에서 말하는 것들이 현실화되어 금융권의 인원 감축이나 대기업들이 제대로 경영이 되지 못해 대규모 인원들이 집단 해고되는 사태도 벌어지고 있다. 이제 노후대책뿐만 아니라 청년 실업이 더 화두에 오를 지경이니 말이다.

이런 시점에서 길거리로 내몰린 많은 가정들이 하나의 희망으로 붙잡고 진입하게 된 시장이 바로 네트워크 마케팅이다. 그런데 재미

있는 것은 이 시장이 엄청난 속도로 성장하고 있지만 그만큼 더 빠른 속도로 그 거품이 꺼지고 있는 상황이다. 포털 사이트에서 네트워크 회사를 검색하면 엄청난 안티 회원 수를 자랑하는 안티 네트워크 카페가 뜬다. 어느 안티 네트워크 카페는 십만 명 이상의 회원을 자랑하며 매일 성장하고 있다. 그 이유가 무엇일까?

바로 제대로 준비하지 않고 시작한 네트워크 마케팅 사업에서 겪은 사업자들의 직접적 혹은 간접적인 부정적인 경험 때문이다. 부정적인 경험담의 내용 중에는 몇백만 원의 제품을 구매하며 사업에 참여했지만 생각보다 결과가 좋지 않았다는 것이 대부분이다. 그중에서도 대인 관계에서 서로의 이해 부족으로 인한 스트레스 지수도 높았다는 불만을 많이 이야기한다. 내가 생각하기에는 이 문제는 누가 옳고 틀리고의 문제가 아니라 네트워크 사업을 시작하는 사람들이 이 사업에 대한 지식이 거의 없는 상태에서 뛰어들기 때문에 생기는 부정적인 생각이 더 크다고 생각한다.

바로 앞의 사업이 어떠한 형태로 진행되는지조차 잘 모르니 좋은 결과를 내기가 어려운 것이다. 게다가 그 안에는 일명 '베팅'이라고 표현하는 사재기 문화도 한몫을 한다. 공공연하게 많은 돈을 투자하면 직급이 오른다는 것을 알 수 있을 것이다. 그렇기 때문에 직급이 올라도 수입보다는 빚이 늘어가기도 한다. 어찌되었든 사업자들은 자신의 경험을 기반으로 이야기하기 때문에 사업에 실패한 사람들끼리 할 수 있는 이야기란 안 들어도 뻔할 것이다. 이런 이야기들을 이제 막 네트워크 사업을 시작하려는 사람이라면 분별을 잘해서 들어야 한다.

사업에서 실패했다는 대부분의 사람들은 마케팅에 대한 전문적인 지식이 없을 뿐만 아니라 이기적인 태도도 한몫할 가능성이 크다. 그럼으로 제대로 배우지 못한 네트워커들의 이야기로 이 사업에 대한 공포심을 느낄 필요는 없다. 어떤 사람들은 정말 이 네트워크 마케팅 사업을 하면 집안이 망하고 주변에 사람이 남아나지 못한다고 이야기를 한다. 그러다 보니 모두 정보의 혼란 속에서 도대체 어떤 정보가 맞고 틀린지 몰라서 혼란스러워하기도 한다. 이러한 점에서 4차 산업혁명에서 네트워크 마케팅은 새로운 대안이 될 수도 있으나 다른 관점에서는 모바일로 인하여 오히려 네트워크 사업의 형태가 어려워지고 있는 것 또한 사실이다. 너무 많은 정보들이 사실 확인도 없이 무분별하게 유입이 되다 보니 정작 네트워크 마케팅 사업을 잘하고 있는 사업자들에게 피해가 돌아가기도 한다.

위의 사례 이외에도 네트워크 마케팅에서 안티에 대한 이야기를 하자면 밤을 새워도 부족할 것이다. 내가 한 가지 질문을 하자면 당신이 네트워크 마케팅 사업을 하지 않는다면 다른 할 일이 있는가? 만약 다른 대안이 있다면 그 사업을 하는 것을 추천한다. 그러나 이 사업을 하려는 대부분의 사람들은 그렇게 다양한 선택의 폭을 갖고 있지 못한 것이 사실이다. 그래서 이왕 도전하려면 배우는 것을 좋아하고 특히 세상이 어떻게 돌아가는지 관심을 갖는 것이 좋다. 나 역시 고액의 수업료를 내면서 접한 수업에서 배우고 느낀 것은 네트워크 마케팅 사업이 온라인과 만났을 때 얼마나 강력한 힘을 발휘하는지였다.

네트워크 사업과 온라인이 만나 어떤 부분에서 가장 힘을 갖는지 물어본다면 시간과 공간이 확장되며 자유로워질 수 있음을 들 수 있다. 내가 제대로 온라인 안에서 시스템을 제대로 구축해 놓으면 그 다음부터는 밤낮으로 나를 대신해 온라인 시스템이 일을 한다. 그리고 내가 먼 거리까지 돌아다니며 후원을 하지 않아도 우리나라를 넘어 해외에 있는 사람도 후원하고 그룹핑을 하는 것이 얼마든지 가능하다.

물론 이런 내용을 많은 네트워커들도 알고 있기 때문에 그들도 당연히 온라인으로 사업을 확장하고 싶은 마음이 있을 것이다. 온라인이야 말로 내가 지난 10년 동안 일군 기존의 네트워크 시장을 다 버리고 다시 시작할 수 있었던 자신감이었다. 온라인을 통해 시간과 공간을 극복해 보니 온라인 마케팅의 힘은 막강하며 누구에게나 극선점의 기회가 될 수 있다는 것을 깨달았다. 그러나 이 성공을 위해서는 단서가 붙었는데 제대로 배우고 실천해야 이룰 수 있다. 그렇기에 쉼 없이 공부해야 하는 이유는 여기에 있는 것이다.

온라인의 특성상 방법과 그 채널이 가지고 있는 특성을 제대로 이해하지 못한 상태에서는 온라인 안에서 새로운 시스템을 구축하는 것이 쉽지 않다. 어떻게 보면 온라인은 오프라인보다 더 섬세하고 오프라인보다 더 전문적인 능력을 요구하는 곳이기 때문이다.

새로운 시대에 살아남기 위해서는 네트워커들도 온라인 마케팅을 적극적으로 배워야 한다. 온라인 마케팅이라고 이야기하면 많은 네트워커들이 두 분류로 나뉜다. 온라인을 적극적으로 배워나가고 싶다고 이야기하는 사람과 온라인으로 마케팅 하는 것은 맞지 않는다고 이야기하며 오프라인을 고수해야 한다는 입장이다.

두 부류가 다 맞는 이야기다. 그렇기 때문에 온라인을 해야 하고 오프라인도 해야 하는 것이다. 가장 이상적인 것은 두 방법을 균형 있게 잡고 활용하는 것으로 좋은 결과를 이끌어낼 수 있다. 그러나 대부분의 사업자들은 오프라인으로 벌여 놓은 일도 너무 많고 또 바쁜 시간을 쪼개어 온라인을 새롭게 배운다는 사실이 부담스럽다보니 선뜻 배우기가 쉽지 않은 것이다. 또한 일부는 SNS 활동을 열심히 하고 있는데도 원하는 결과를 얻지 못하고 있다며 온라인 시장이 생각만큼 활용도가 높은지 잘 모르겠다고 이야기하기도 한다.

내가 생각할 때 대부분의 사람들은 온라인 마케팅을 잘 모르면서 알고 있다고 착각하는 경우가 많다. 온라인 마케팅에 대한 지식이 제한적이고 한쪽만 바라보는 안목이면 통합적인 마케팅 방법을 알고 있지 못하기 때문에 온라인에서도 승부를 내지 못하고 있는 것이다.

요즘 젊은 네트워커들은 어떨까? 그들을 만나 컨설팅을 하다 보면 의외로 온라인에 대한 활용도가 낮아 제대로 결과를 내고 있지 못하는 경우를 많이 만나게 된다. 그 이유 중 가장 큰 부분은 그들의 스폰서와 시스템 안에서 제한된 온라인을 배우기 때문이다. 심지어 온라인 마케팅은 잘못된 방법이라며 진행하는 것조차 막는 경우도 있다.

앞에서도 언급했듯이 온라인 채널의 특성이 뚜렷한데 비하여 그 채널의 특성대로 진행하지 않고 남들이 하는 방식대로 주먹구구로 한다면 당연히 소비자들의 반응을 이끌어내지 못할 것이다. 게다가 블로그나 인스타그램과 같은 채널을 통해서 소비자나 후원 대상에게 연락이 와도 어떻게 온라인에서 오프라인으로 이끌어내는지조차 방법을 모르다 보니 다 차려 놓은 밥상에 숟가락조차 들지 못하는 격이 될 때도 있다.

이런 일을 볼 때마다 다시 한 번 네트워크 사업 안에서 세상의 마케팅은 철저하게 공부하고 준비되어야 한다는 것을 깨닫게 된다. 또한 온라인 마케팅 안에서 결과를 만들어낸 다양한 사람들의 사례를 들으며 오프라인처럼 온라인에서도 성공의 경험을 배워야 한다는 것을 배우게 된다.

온라인 마케팅 시장은 통합적인 사고를 가진 사람에게 배우는 것이 매우 중요한 만큼 누구를 스승으로 만나느냐에 따라 완전히 다른 결과를 가져다주는 시장이기도 하다. 또한 왜 많은 사람들이 외부 강사들에게 배우는 것을 중도에 포기하는지 그 이유 또한 잘 알고 있다. 검증되지 못한 많은 마케팅 강사들이 존재하는 곳이 이 시장이기 때문에 제대로 된 선생에게 배우지 못한 사람들은 그냥 그게 다 똑같다는 생각으로 다시 일상으로 돌아가게 된다.

나 역시 배우는 과정에서 비싼 비용을 들여 배웠는데도 결과가 만족스럽지 않은 경험도 많이 했다. 그러나 그 또한 배움으로 생각하고 조금씩 앞으로 나아가다 보니 그 실패의 경험 또한 좋은 사례가 되는 것을 깨달았다. 그래서 온라인을 한 번 배우고 포기할 것이 아니라 끊임없이 찾아다니며 배움을 놓치지 않는 것이 중요하다.

아직도 당신이 오프라인으로 사업을 하는 것을 고수하고 있다면 새로운 것을 배우는 것을 번거롭고 귀찮은 일이라고 생각하기 때문일 것이다. 나 역시 온라인 마케팅을 배우다 포기하고 싶은 생각이 많았고 배운 것을 써먹기 위해 진행하다가도 막막한 순간이 많았다. 그러나 오프라인 방법대로 사람을 만나야 하고, 또 전국을 돌아다니며 몸이 편할 날이 없었던 날들을 생각하며 마음을 다잡았다. 신기한 건 온라인을 배우다 막히면 다시 고민하고 다시 배우다 막히면 몇날 며칠을 머리를 싸매며 공부한 결과 어느 순간에 막힌 부분이 이해가 되고, 니즈가 있는 사람들이 나를 찾아오게 되는 시스템을 구축할 수 있게 되었다는 것이다. 그러면서 느낀 것은 배우는 것에 주저하지 말고 무조건 배우고, 배운 것을 포기하지 않고 실천하면 내가 원하는 결과는 꼭 이루어진다는 것이다.

정말 세상에 돈을 지불한 것 중에는 하나도 사라지는 것이 없음을 요즘은 너무 절실하게 느끼고 있다. 새로운 것을 배우려고 하는 것을 두려워하지 말고 세상에 나와 당신의 성장에 조금이라도 기여할 수 있는 스승을 찾아나서 보기를 바란다. 스승은 찾아 나서는 사람에게만 나타날 것이다. 그리고 기꺼이 그들에게 그 값을 지불하여라. 그 수업의 대가가 비싸면 비쌀수록 기뻐하라. 왜냐하면 그 수업료에 지불한 돈 이상으로 벌 수 있기 때문이다.

이 세상에 공짜가 없다는 말은 스승에게도 해당이 된다. 수업료가 비싼 스승들은 그들의 제자들에게 더욱 높은 교육을 제공하기 위해 끊임없이 노력한다. 그렇기 때문에 수업료를 지불하고 배움에 결단하는 자신의 선택을 믿고 그 결단이 무엇을 의미하는지 아는 스승을 믿어라.

배움보다 더 중요한 것은 실천하는 행동력이다. 많은 사람들이 알고 있는 이야기이다. 너무 뻔한 이야기이지만 이게 답이라는 것은 당신도 알고 있을 것이다. 당신이 배운 것을 행동으로 옮기지 않는다면 그 어떤 결과도 낼 수 없다. 그것은 너무나 당연한 일이다. 지금도 나의 머릿속에는 너무 많은 콘텐츠가 들어있다. 그러나 그것들을 실천하고 행동을 통해 현실로 끌어내지 못하면 아무 필요가 없는 것이다. 행동을 하는 것이 얼마나 힘든지도 알고 있다. 오죽하면 습관이 만들어지는 데 하루도 빠지지 않고 66일을 노력해야 하는데 이렇게 어렵게 만든 습관들도 단 하루만 행동으로 옮기지 않으면 다시 0으로 돌아간다 했으니 말이다. 그만큼 행동으로 움직인다는 것은 힘든 일이지만 그럼에도 행동으로 옮겨야 되는 이유는 각자에게 다 있다. 여러 가지 이유로 나의 꿈은 혼자만의 것이 아니라 가족이 행복할 수 있는 꿈이기 때문이다.

나 역시 어떤 날은 행동으로 옮기는 것이 고통스러울 때가 있다. 이 글을 쓰는 동안에도 굳이 이렇게 글을 쓰는 힘든 작업을 왜 해야 하는지 포기하고 싶은 마음이 굴뚝같다. 그러나 이 글이 어떤 이에게는 희망을 줄 것이고 어떤 이들에게는 꿈을 향해 가는 지도서가 될 것이라는 것을 알기 때문에 매일 매일 한 글자라도 더 적기 위해 노력했다. 그러면서 다시 한 번 행동을 유발하는 방법을 찾았다. 그것은 그냥 하면 된다는 것이다.

많은 사람들이 행동을 하기 전에 머릿속에서 이것저것 생각하느라 시간을 허비한다. 사실 내 경험상 오프라인보다 온라인 안에서 행동하는 것은 더욱 생각이 많아지는 것을 체험하기도 했다. 왜냐하면 결과도 당장 보이지 않을뿐더러 그 반응이 없는 기간이 꽤 길어 보였기 때문이다. 나 역시 그 시간들을 견디며 지금의 자리에 앉을 수 있었다.

나는 배우는 것 이상으로 온라인 마케팅에서 배운 것들을 꾸준히 행동으로 옮겨야 한다고 말한다. 나와 같이 온라인 마케팅을 공부한 친구들 중에 많은 이들이 배움을 실천으로 이어나가지 못해서 고액을 들였음에도 결과를 만들어내지 못하는 것을 너무 많이 보았다. 물론 그들에게도 여러 가지 이유가 있을 수 있다. 직장을 다니느라 시간이 없었고 아직은 그렇게 시급하지 않은 일이라고 생각했을 수 있다. 그러나 바로 배워서 실천으로 옮기지 않으면 그 배움의 지식은 그냥 사라지게 마련이다.

사람의 뇌는 기억하는 시간이 한계가 있다. 아무리 배워도 실천해서 습관을 들이지 않으면 그 어떤 좋은 내용도 결국은 자신의 삶을 변화시키지 못한다. 그렇기 때문에 하나라도 배운 게 있으면 핑계를 대지 말고 그 배운 내용을 써먹기 위해 노력해야 한다. 밤낮으로 시간과 노력을 투자하면 이 세상에 안 되는 일이 어디 있겠는가? 안 되는 순간은 내가 행동으로 옮기지 않는 지금 이 순간뿐이라고 생각하며 다시 마음을 잡아야 한다.

나 역시 이런 주문을 외우며 게으름과 싸워 성공의 길로 한 발씩 내딛었다. 지금은 '세상에 안되는 게 무엇이 있겠는가?'라는 문장이 내 트레이드 마크가 되었다.

우리가 살고 있는 이 세상에 안되는 것이 없다고 마법처럼 외치며 무조건 행동으로 옮기자 온라인의 가상 점포는 빠르게 구체화되었다. 그 두 달이라는 시간의 경험은 나에게 큰 자신감과 물질의 풍요로움을 가져다주었다. 거의 잠도 자지 않고 밤낮으로 노력한 결과 온라인 점포는 내가 직접 고객을 찾아가지 않아도 고객이 스스로 찾아오게 만드는 요술 방망이가 되었다. 그리고 특별히 설득하지 않아도 설득하는 프로그램을 통해 많은 이들의 호응을 이끌어냈다. 그렇게 고객이 스스로 나를 찾아오게 만든 시스템에서 경제적인 것뿐만 아니라 시간과 공간의 자유를 얻게 되었다. 더 이상 나는 소비자를 찾아가거나 예비 사업자를 만나러 가지 않는다. 그들이 나에게 연락하며 나를 만나기 위해 전국에서 몰려든다. 놀랍지 않은가? 이제는 당신 차례이다.

온라인 안에서는 안되는 일은 없다. 생각한대로 꿈이 이루어지는 놀라운 세상에 우리는 살고 있는 것이다. 아직 당신이 이런 세상을 보지 못한 것일 뿐이다. 지금부터라도 온라인 시장에 대하여 적극적으로 관심을 가지고 알아보기를 바란다. 네트워크 마케팅 사업 안에서 온라인과의 결합은 아직도 많은 이들에게는 미개척지이다. 아직도 극초기 시장이며 성장 가능성은 무궁무진하다는 것이다.

온라인 마케팅을 적극적으로 배우며 바로 실천으로 옮긴다면 당신 또한 내가 누리고 있는 평안함을 가질 수 있을 것이다. 물론 잘못된 방법으로 실천을 한다 해도 걱정하지 마라. 그 안에서 실패한 경험까지도 당신의 또 다른 재산이 될 것이기 때문이다.

005

시간의 자유를 누려라

내가 네트워크 마케팅을 했을 때 필수로 참석해야 하는 시스템 미팅을 참석한 날이 있었다. 나의 파트너들이 참석하는 자리였기 때문에 나도 무조건 참석해야 하는 미팅이었다. 오전에 시작한 미팅이 끝나는 시간은 대략 2시 정도였다. 이 미팅이 끝나고 나서 그날 저녁에 전라남도 광주에서 만나야 하는 파트너의 소비자가 있었다. 건강 관련 상담으로 그 소비자에게 판매할 제품 금액이 백만 원이 넘는 금액이었다. 선택의 여지없이 그날 서울 미팅을 끝내고 오후 2시에 전남 광주로 내려갔다. 쉬지 않고 내려가면 오후 6시에는 도착을 할 수 있기 때문에 조금이라도 약속 시간에 늦지 않기 위하여 140킬로미터 이상을 밟으며 고속도로를 질주했다. 이런 일상이 일주일에 몇 번씩 반복되었다. 당연히 몸은 축나고 일상적인 생활은 엉망이 되었다. 아이들의 얼굴을 볼 수 있는 날을 오히려 손을 꼽는 게 편할 정도로 바빴다. 그런 삶을 10년 가까이 한 것이다.

대전 지역을 중심으로 대전에서 서울 위쪽 지역은 우리 집 앞마당이라 표현했고 대전부터 내려가는 지역은 조금 가까운 옆동네라고 표현하며 생명을 담보로 고속도로를 질주했다. 그러면서 네트워크 마케팅 사업은 몸으로 열심히 뛰는 것이라고 생각했다. 지금 생각해보면 살아 있는 게 신기할 정도이다. 어떻게 그렇게 돌아다녔는지 이해가 가지 않지만 대부분의 오프라인은 그런 방법들을 채택하고 있기 때문에 나 역시 그렇게 했다.

부지런을 떨며 전국을 돌아다니는 동안 아이들이 어떻게 크고 있는지 생각할 여력이 없었다. 그 당시 회사에서도 아이들의 학교 행사에 참석하는 네트워크 사업자는 정말 제대로 된 사업자도 아니라는 식으로 이야기를 했으니 말이다. 그러나 더욱 재미있는 것은 그렇게 극성을 떨며 여기저기 돌아다녀도 내가 만날 수 있는 사람은 제한적이었다. 아무리 노력을 해도 하루에 일대일로 만날 수 있는 대상은 다섯 명을 넘기기가 힘들었던 것이다.

장거리를 이동하면 만날 수 있는 인원은 더욱 줄어들었다. 그렇게 길거리에 돈을 뿌리고 시간을 낭비하며 소비자나 예비 사업자를 만나도 또한 문제가 발생했다. 너무 먼 거리에 있는 사람은 제대로 후원하기도 쉽지 않고 소비자 관리도 되지 않았다. 더욱 신뢰관계가 구축되기 위해서는 자주 만나야 하는데 그 또한 쉽지 않게 되었다. 당연히 만남의 횟수가 제한되니 그들의 니즈를 정확하게 파악하는 것이 어려워졌고 장거리에 위치한 예비 사업자들을 사업으로 연결하는 것이 원활하지 못했다. 곧 내가 처음에 꿈꾸었던 네트워크 마케팅 사업의 2~5년이라는 다이아몬드 플랜은 사실상 구현되기 쉽지 않은 조건임을 깨닫게 되었다.

내가 아무리 오프라인 경험이 많고 빠르게 사람의 마음을 움직인다 해도 이 안에서는 공간적 제약에 너무 많은 시간을 거리에 낭비해야 했다. 많은 숫자의 사람과 만남을 가졌음에도 그중에는 정말 무의미한 만남도 있었고, 검증되지 않은 시스템 속에서 반복적으로 일하며 이로 인해 허무한 기분도 맛보아야 했다. 또한 처음에 갖고 있던 긍정적인 에너지를 유지하는 것도 쉽지 않았다. 마음을 아무리 다잡아도 보이는 것은 여전히 답이 없는 터널과 같았다.

지금 당신은 어떠한가? 당신의 사업을 들여다보면 희망이 보이는가? 당신은 언제까지 과거의 내가 한 방식대로 그렇게 의미 없는 일회성의 만남을 통해 사업자를 찾아낼 것인가? 단 한 명을 위해 언제까지 고속도로를 그렇게 밤낮으로 달려갈 것인가?

나는 오프라인에서 이 답을 찾으라고 하면 여전히 대답할 자신이 없다. 더군다나 남들이 다 하는 사업의 패턴으로 나만의 경쟁력을 키우지 않은 채 반복적으로 이끄는 사업이 과연 어떤 좋은 결과를 낼 수 있을지도 의문이 든다. 바로 이런 생각이 들었던 시점부터 나는 내가 누군가를 찾아가는 것이 아니라 소비자가 나를 찾아왔으면 하는 소원이 생겼다. 이 소원은 온라인 마케팅을 통해 이루어졌기 때문에 내가 이 온라인에 열광하는 이유이기도 하다. 온라인이라는 공간은 불필요한 만남을 줄여주기에 충분하다. 내가 설정해 놓은 단계를 통해 고객의 니즈가 충족이 되면 1차가 거쳐지는 것이기 때문에 즉시 결과로 이어지기 쉬웠다.

내가 구축해 놓은 가상의 공간을 통해 시간을 단축하고 일의 효율성을 2~3배 올린다는 것은 정말 놀라울 따름이다. 그래서 내게 온라인 노마드 네트워커의 세상은 정말 오프라인과는 다른 세상이다. 그 세상을 살게 되면 오프라인으로만 하는 사업은 다시는 하고 싶지 않을 정도로 노마드 네트워커는 그만큼 강렬한 경험이 되었다.

눈을 감고 생각해 보라. 더 이상 내가 누군가를 찾아 나서는 것이 아니라 소비자든 예비 사업자든 당신이 존재하는 공간으로 그들이 찾아오는 것이다. 당신은 누군가를 찾아 헤맬 필요가 없는 것이다. 당신이 고민할 부분은 당신이 누구이고 어느 공간에 있는지 정확하게 알려줄 수 있는 방법만 고민하면 된다. 물론 이 또한 쉬운 일이 아니라고 이야기할 사람도 있을 것이다. 그러나 그 또한 당신이 고민하고 만들어야 할 시스템의 한 부분으로 생각한다면 당신이 지금 달리고 있는 고속도로보다는 쉬운 일이라고 생각한다. 또한 온라인을 해야 하는 이유는 시간으로부터도 자유로워질 수 있기 때문이다.

당신이 잠자고 있는 시간에도 당신이 만들어 놓은 가상의 공간은 당신을 위해 일을 한다. 온라인의 시스템은 사람과 다르기 때문에 밤낮으로 일을 하는 효과가 있다. 당신은 24시간 당신의 일상을 살면 된다. 이제 일상에서 해야 할 일들을 다 할 수도 있고 여행을 다닐 수도 있고 친구와 수다를 떨 수도 있다. 이 시간 동안 온라인의 시스템을 통해 수익이 창출이 된다. 누군가가 들어와 결제가 이루어진다. 그리고 당신의 잔고에 현금이 늘어난다. 놀랍지 않은가? 더 이상 당신은 지금 그 자리에서 고민하지 않아도 된다는 말이다. 누구를 만날 것인지, 어떻게 만날 것인지, 어떻게 설득할 것인지, 어떻게 미팅장에 데려와 앉힐 것인지를 더 이상 고민하지 않아도 된다.

디지털 노마드 네트워크 마케팅은 지금 당신이 하고 있는 네트워크 사업의 다른 패러다임이 열릴 수 있는 공간이다. 유명한 마케터는 "사람은 믿는 것을 보는 것 같지만 사실은 보는 것을 믿는다."라는 말을 했다. 내가 아무리 경험한 온라인 마케팅의 놀라운 세계를 이야기한다 해도 당신이 스스로 이 노마드 네트워커로서의 삶을 경험해 보지 않는다면 절대 알 수 없는 일이라는 뜻이다. 아니면 애초부터 자신과는 상관없는 일이라고 생각해 버릴 수도 있다.

나 또한 처음에 팀 패리스의 책을 읽으며 그의 글은 먼 나라 이야기였다. 정확히 말하면 나의 이야기가 될 수 없다고 생각했다. 그럼에도 그냥 막연하게라도 나도 저들처럼 되었으면 참 좋겠다는 생각을 했다. 그러나 방법도 모르고 어떻게 구축해야할지 알지 못했기 때문에 모든 네트워커들이 말하듯이 그냥 네트워크 마케팅 사업은 남들이 하는 것처럼 그렇게 발로 뛰고 찾아가고 거절당하는 것이 옳다고 생각했다. 그럼에도 내 안에서는 어떻게 하면 네트워커가 디지털 노마드로 살 수 있을까에 대한 방법의 질문에 대한 답을 찾는 것으로 머릿속이 가득했다. 남들이 자신의 사업을 이야기할 때 그들의 말을 믿지 않았다. 그렇게 두드리고 찾다보니 생각하지 못한 곳에서 기회가 오기 시작했다. 어떻게 하면 그렇게 할 수 있을까를 고민하다 보니 길이 열린 것이다.

많은 사람들은 그냥 하면 된다고 이야기하지만 나는 기꺼이 돈을 주고 배우는 것을 선택했다. 하나씩 비용을 지불하며 비싸면 비싼 대로 저렴하면 저렴한 대로 각각의 채널들의 특성을 배워가기 시작했다. 그러면서 내가 원하는 길이 열리는 것을 경험했다. 그 길이 처음에는 말도 안되는 영역 같았지만 그럼에도 한번 접목해 보자는 용기를 갖고 시작해보니 생각만큼 어려운 일도 아니었다.

많은 네트워커들이 온라인을 어렵게 생각한다. 어떻게 네트워크 마케팅 사업과 연관을 지어 진행할지 난감해하는 것이다. 나 역시 그 부분을 이해한다. 그리고 무엇보다 가장 큰 고민은 기존의 하던 방식을 내려놓고 새롭게 시도한 방식이 시장에서 통하지 않을 수도 있다는 두려움일 것이다. 나도 기존에 방식을 내려놓고 온라인의 가상의 세계를 구축하는 것이 과연 잘하는 일일까에 대한 고민을 많이 했다. 온라인으로 넘어가고 온라인 마케팅과 네트워크 마케팅을 접목시켜야 된다는 것을 알면서도 과연 그 타이밍이 지금일까 하는 생각은 두려움을 만들었다.

오프라인에서 진행되는 네트워크 사업을 같이 하기에는 일시적으로 시간이 부족하다 보니 소비자를 찾아갈 수도 없고 연락이 와도 장거리 후원은 갈 수 없는 상황이었다. 그렇기 때문에 일시적으로 모든 매출이 멈춘 것 같았고 오프라인의 후원도 원활하지가 않았다. 나의 시간은 한정되어 있고 온라인 시스템을 구축하는 것에 온 힘을 기울이다 보니 오프라인 현장에 투자하는 시간이 나오지 않았던 것이다. 그러면서 가장 많이 나의 머릿속에 들었던 생각은 과연 내가 이렇게 온라인을 투자하는 시간이 잘하는 일일까? 정말 되긴 할까 ? 온라인으로 과연 고객이 찾아올까? 맞는 방법일까? 내가 잘못 생각한 것을 아닐까? 네트워크 마케팅에는 맞는 방법이 아닐지도 모른다는 불안함이 나의 마음을 뒤흔들었다.

그렇게 마음과 생각이 집중하지 못할 때 가장 많은 도움을 준 것은 다양한 영역에서 온라인 시스템을 구축해서 자신들의 영역을 만들어가며 나보다 앞서나가는 선배들의 성공 경험담이었다. 그들 또한 나와 마찬가지로 처음 온라인 시스템을 구축할 때 이렇게 하는 것이 과연 옳은 일일까? 고민을 하며 지속했다는 것이다. 보이지 않은 미래와 고민하고 콘텐츠에 누군가 반응하기를 기다리며 그렇게 성실하게 매일 할 일에 집중했다는 이야기들이 나를 붙잡아 주었다.

마음이 흔들릴 때마다 그들의 성공 스토리를 읽으며 내 스스로에게 그들도 했는데 당연히 나도 할 수 있다는 주문을 걸며 나만의 내적 동기를 강하게 찾아나갔다. 그렇게 몇 달의 시간이 지나는 동안 나는 나의 핵심 경쟁력을 더욱 키우고 오랜 네트워크 경험을 정리해서 프로그램으로 체계화하며 그때를 기다렸다.

성실히 글을 작성하고 콘텐츠를 채워나가며 누군가의 반응이 오기를 기다린 지 두 달이 지나가자 사람들의 반응이 오기 시작했다. 그러면서 더 이상 내가 고객을 찾아가는 것이 아니라 고객이 스스로 나를 찾아오기 시작했다. 그래서 이제는 시간과 공간으로부터 자유로워진 노마드 네트워커가 되었다.

더 이상 시간에 쫓기며 뛰어다니느라 길거리에 돈을 낭비하는 행동을 하지 않아도 되고 밤낮으로 네트워크를 어떻게 만들어야 할지 머리 싸매지 않아도 되는 삶을 살고 있는 것이다. 또한 가족과 지내는 시간들도 풍요로워졌다. 나는 특히 아이들과 많은 시간을 보낼 수 있게 된 것이 그 무엇보다도 기쁘다. 예전 시스템에서 너무 자주 들어서 나도 모르게 세뇌되었던 아이들에 대한 포기와 유보들을 더 이상 하지 않아도 되는 것이다.

예전의 나는 아이들의 학교에도 충실할 수가 없었고, 가정에서도 주부로서의 역할은 할 수 없었다. 사실 아이들을 돌보지 않는 행동이 부끄러운 행동인지도 몰랐다. 아이들이 엄마 없이 잘 자란다고 사람들 앞에서 자랑스럽게 이야기한 적도 있다. 일 중독이 자랑이라고 떠벌리고 다닌 적도 있다. 지금 생각해 보면 정말 쥐구멍에라도 숨고 싶을 지경이다. 어찌보면 잘못된 세계를 보고 잘못된 방법으로 일을 배우다 보니 내가 무엇이 잘못인지 전혀 인지를 하지 못했던 것 같다. 하지만 그 세월들을 통해 만난 노마드 네트워커의 세상은 나에게 사람이 살아가는 방법에 대하여 다시 알려주었다.

지금은 아이들과 많은 시간을 보낸다. 주일에는 일을 하지 않고 나의 종교적 신념도 지켜 나갈 수 있게 되었다. 그러면서 다시 한번 몸이 힘들고 바쁘다는 것이 꼭 돈을 버는 결과로 이어지는 것이 아니라는 것을 깨달았다. 우리의 전통적인 사고로 돈을 번다는 것은 출근을 해야 하고 육체적으로 땀을 흘려야 한다고 생각한다. 특히 네트워크 마케팅 사업 안에서는 많은 네트워커들이 육체가 고되고 피곤할수록 자신들은 일을 하고 있다고 착각을 하는 경우가 많다.

100명의 사람을 만나야 그 사람들과의 만남에서 결과로 이어질 수 있다는 것을 나도 당연히 안다. 그러나 굳이 100명을 만날 필요가 왜 있을까라는 고민을 해본다. 100명을 만나는 것이 목적이 아니라 각자의 네트워크 마케팅 사업 안에서 결과를 같이 만들어갈 제대로된 사람을 만나는 것이 진짜 일을 하는 목적이 아닐까?

대부분의 네트워커들이 그냥 사람만 만나러 다니기 위해 지방까지 다니느라 많은 에너지를 소비하고 허탈하게 돌아오는 일들이 얼마나 많은가? 그리고 '그래도 나는 알고 있다'라는 착각으로 각자의 마음을 위로 아닌 위로를 하고 있는 것은 아닐까? 오늘도 당신은 미팅에 참석했다는 이유만으로 네트워크 사업을 했다고 착각하는 것은 아닐까?

물론 열심히 하는게 맞다는 것도 안다. 그러나 예전의 율법주의자들이 율법에 갇혀 자신들은 신앙인이라고 이야기했지만 결과는 아니었듯이 우리 네트워커들도 자신들의 행위에 갇혀 결과가 나오는

지 안 나오는지에 관심은 없고, 오로지 움직인다는 것에만 목숨을 거는 것은 아닌지 생각해 보기를 바란다. 이제는 오래된 관습체계에서 잠들고 있던 것들을 흔들어 깨울 때다. 이제는 네트워커들도 새로운 세상에 대비하고 깨어날 때가 된 것은 아닐까 다시 한 번 생각한다.

3

네트워크 마케팅의
최강 마인드 셋

001

성공의 필수 조건

이 글을 읽고 있는 당신의 주변에는 몇 명의 성공자가 있는가? 그리고 그 성공자들과 얼마나 자주 이야기를 하는가? 만약 주변에 성공자가 없고 성공자와 자주 대화할 수 없는 상황이라면 어떻게 하면 그들을 만날 수 있을까? 무턱대고 큰 대기업 회장실의 문을 노크해야 할까? 아니면 미국으로 건너가 그 유명한 사람들을 만나기 위해 노력해야 할까? 왜 이런 질문을 하냐면 생각보다 많은 사람들이 성공하고 싶다고 이야기하지만 성공하기 위한 과정을 거쳐서 결과를 내는 것보다 그저 성공이라는 단어에만 집착하는 것 같을 때가 많기 때문이다.

성공하고 싶다면 마음이나 말만으로 이야기하지 말고 성공한 사람들의 방법과 행동력을 배워야 할 것이다. 지피지기면 백전백승이라고 했던가. 이제는 성공한 사람들을 쳐다만 보는 것에만 끝낼 것이 아니라 그들의 삶을 먼저 배워야 한다는 생각이 든다.

내가 계속해서 많은 시간과 비용을 투자해서라도 배우는 것에 게을리하지 말라고 이야기하는 것에는 경험을 통한 확신이 있기 때문이다. 반복해서 이야기를 하는 이유도 그냥 아는 것과 제대로 아는 것의 차이는 완전히 다르다는 것을 알기 때문이다. 우리는 세계적으로 유명한 빌 게이츠와 워렌 버핏을 안다. 그리고 그들이 어떻게 회사를 설립했고 지금처럼 천문학적 숫자의 재산을 일구었는지도 안다. 그러나 당신이 그들이 부를 축적한 과정을 안다고 해도 그들처럼 엄청난 부자가 될 가능성은 적다. 당신이 안다고 해서 그들처럼 당신이 세계에서 가장 큰 회사를 설립할 수도 없고 또 엄청난 부자가 될 수도 없을 것이다. 왜냐하면 그냥 무엇인가를 아는 것만으로는 성공을 이끌 수 없기 때문이다. 그래서 많은 사람들이 자신의 성공담을 적은 책도 내고 또 그것을 구입해 읽는 사람들도 늘어나지만 정작 그것을 토대로 성공하는 사람은 희박하다.

얼마 전 기사로 마윈에 대한 일화를 읽었다. 그리고 그 사람의 일대기가 궁금해 책을 검색해 보고 깜짝 놀랐다. 그와 관련된 자서전의 양도 다양해서 놀랐지만 그 자서전을 쓴 사람이 마윈이 아니라는 점도 놀라웠다. 나는 진짜 성공자들은 무엇을 한 것이고 그들의 성공에는 어떤 특별함이 있는가를 생각하게 되었다. 그들은 우리와 다른 특별함으로 성공한 것일까? 내가 그들에 관련된 수백 권의 책을 읽는다고 해서 그들의 특별함이 내게 전달되는 것일까 ? 이 책을 읽고 있는 당신은 어떻게 생각하는가? 정말 그들은 특별한 사람들이고 특별한 무엇인가를 통해 부를 이루고 성공했다고 생각하는가?

나는 오랜 시간 네트워크 마케팅이라는 남들이 잘하지 않는 분야에서 결과를 낸 사람이다. 그리고 단계를 거쳐 성장하면서 나에 대해 스스로 알게 되는 계기도 되었다. 현재 내가 온라인 사업으로 일반 직장인들이 받는 연봉의 5배 이상의 수입을 벌고 있지만 거창한 그 무언가가 없다는 말이다. 한 가지 체크했던 사항이 있다면 성공자들의 습관을 체크한 것이 아니라 반대로 실패하고 결과를 내지 못한 사람들의 이유를 체크해 보았다. 그러면서 왜 내가 큰 수입을 갖게 되었고 어떤 일을 하던 나를 따르는 마니아층을 만들게 되었는지 알게 된 것이다.

더욱이 놀라운 것은 성공한 나와 결과를 만들지 못해 실패한 사람들과의 차이가 엄청나게 많이 나지도 않는다는 사실이었다. 믿기지 않는다고 이야기하는 사람들도 있을 것이다. 왜냐하면 실패한 사람들이 갖는 첫 번째 변명은 어차피 그들은 나와 다르다고 이야기할 것이기 때문이다.

나 또한 대인관계 능력이 탁월하게 좋은 사람도 아니고 계획적으로 무슨 일을 추진할 만큼 항상 부지런한 사람도 아니다. 어느 때는 너무 즉흥적으로 결정해서 문제가 일어날 때도 있으니 말이다. 또한 논리정연하게 말을 잘하는 능력이 있는 것도 아니어서 오히려 말을 잘하는 능력을 부러워할 때도 있다. 한마디로 열심히 일을 하는 것보다 놀고먹는 것을 더 좋아하는 지극히 평범한 사람에 불과하다. 그런데 누구는 결과를 이끌어내지 못하는데 나와 같이 평범한 사람은 좋은 결과를 이끌어낼까? 나는 '한 번 더'라는 법칙을 따르려고 노력했다.

이 법칙은 말 그대로 싫은 일을 해야 할 때 한 번 더 하자 생각하는 것이고, 계획대로 움직이는 것이 힘들 때 한 번 더 행동으로 움직이는 것이다. 남들에게 인사하기 싫을 때 한 번 더 인사하고, 필요한 책을 읽기 싫을 때 한 줄 더 읽는 습관을 들이며 한 번 더 하는 습관을 만들기 위해 노력했다. 물론 일상적인 상황에서는 사실 별로 빛이 나지 않는 습관임은 맞다. 그러나 이런 한 번 더 하는 습관이 온라인과 만나면 엄청난 결과를 가지고 온다.

온라인에서는 가장 기본적인 습관으로 요구하는 것은 성실함이다. 온라인 안에서는 아무도 나에게 이것을 해라, 저것을 해라 말하지 않기 때문이다. 온라인 안에서의 주인은 철저하게 나이기 때문에 내가 글을 하나를 적든 아예 적지 않든 아무도 나에게 눈치를 줄 사람이 없다. 그러다보니 온라인으로 일을 하는 것이 눈에 보이는 오프라인의 생활의 우선순위에서 계속 밀리게 되면 온종일 온라인 안에서의 일은 하나도 하지 못하는 날들이 생기게 되는 것이다.

온라인 안에서 이루어지는 대부분의 일들은 글을 쓰거나 자료를 올리는 일이다. 움직이지 않고 의자에 앉아서 한두 시간 일을 하고 나면 내가 지금 한 일이 일인가 싶을 정도로 가볍게 느껴지기도 한다. 그래서 온라인 사업 초창기에는 노트북만 있으면 일을 진행할 수 있었기 때문에 다른 일들에 밀리고 또 언제든지 할 수 있다는 생각에 다른 만남에 노력을 기울였다. 이렇게 우선순위에 온라인 일이 밀리다 보니 어느새 내가 실질적으로 노트북 앞에 앉아 온라인 안에 콘텐츠를 작성하는 해야 할 일들은 놓치게 되었다.

나 또한 처음에는 익숙하지 않은 노트북을 가지고 온라인 사이트를 구축하고 글을 작성하며 여러 가지 일들을 처리하는 동안 마음이 불안해질 때도 있었다. 내가 지금 동네를 돌아다니며 사람을 만나는 것이 맞을 것 같고, 미팅장에서 미팅을 들어야 할 것 같았기 때문이다. 이렇게 가만히 앉아서 작성한 글을 보고 과연 누가 나를 찾아올 것인가를 생각하면 막막하게 느껴졌었다. 그럴 때마다 '한 번 더'의 끈기가 빛을 발한 것이다.

콘텐츠가 쌓이는 동안에는 아무런 일도 일어나지 않는 것 같이 느껴졌다. 그러나 나의 불안한 마음을 비웃기라도 하듯이 콘텐츠가 쌓이고 양이 늘자 놀라운 일들이 일어나기 시작했다. 부정적인 마음이 들 때 한 번 더 글을 작성하고, 영상을 찍기 싫을 때 한 번 더 영상을 촬영하고, 노트북 앞에 앉기 싫을 때 한 번 더 앉아 작업한 글들을 점검하며 고객들에게 나를 알리자 그들은 나를 찾아오기 시작했다.

온라인도 결국은 오프라인의 시장과 같다고 보며 된다. 결국은 온라인에서 오프라인으로 결과를 이끌어내려면 보이지 않는 가공의 세계를 현실화해야 되는 것이다. 오프라인 시장은 눈에 보이지만 온라인 시장은 말 그대로 오프라인으로 만남을 이끌어내지 못하면 실체가 없는 허구이다. 그리고 내가 하루라도 글을 적지 않으면 금세 많은 경쟁 업체들의 글에 파묻혀 내 글은 찾아볼 수도 없게 된다.

지금 한창 인기가 있는 유튜브 시장을 예로 들어보자. 많은 사람들이 유튜브로 돈을 벌기를 원하고 매일 수천수만 개의 영상이 쏟아져 나온다. 그러나 그 많은 영상 속에서 수익화가 되는 유튜버는 극히 소수이다. 아마 1%도 되지 않을 것이라 추측한다. 그럼에도 내가 유튜브를 제작하고 영상을 올리기 위해 자막을 입히고 많은 시간을 투자하는 이유는 유튜브로 돈을 벌기 위함이 아니라 인지도를 올리고 고객과 신뢰관계를 만들기 위해서이다. 그런데 여기에서 함정은 구독수가 처음에는 보는 사람이 거의 없기 때문에 영상을 꾸준히 올린다는 것이 쉽지 않다. 편집하는 것도 적어도 2~3시간씩 걸리는데 아무도 보지 않을지도 모르는 영상을 이렇게 열심히 할 필요가 있나 하는 마음이 들면서 일상의 우선순위에서 밀리는 것이다.

나는 누가 보고 안 보고가 중요한 것이 아니라 한 번 내가 꾸준하게 온라인을 한다면 어떤 일들이 일어날지에 대하여 상황을 지켜보고 싶은 마음이 들었다. 그리고 누가 보든지 안 보든지 상관없이 영상 100개를 꾸준히 올리는 것에 중점을 두겠다고 결심했다. 그렇게 마음을 먹으니 구독자가 몇 명이여도 상관이 없고 몇 명이 시청을 했는지조차 중요하지 않았다. 오로지 내 1차 목표는 영상 100개 올리기였으니 말이다. 그리고 단 몇 분이라도 나와 같은 생각을 하는 사람들에게 나를 온전히 알리는 데 목표를 두고 영상 작업을 진행했다. 영상 역시 시간이 지나면서 미비하지만 사람들의 반응이 나오기 시작했다. 내가 운영하는 카페도 있지만 유튜브 영상을 통해 나를 만나러 오는 사람들이 늘어나기 시작한 것이다.

영상을 통해 나의 생각과 공감하는 분들이 나를 찾아오다 보니 나에 대한 신뢰로 컨설팅도 진행할 수 있었다. 내가 느낀 온라인에서의 마인드는 철저히 내 할 일을 묵묵히 진행하면 된다는 것이다. 네트워크 마케팅 안에서도 다른 사람과 경쟁하지 말고 어제의 나와 비교하라고 이야기한다. 온라인 네트워크 마케팅도 마찬가지이다. 수백만 명의 회원을 자랑하는 타 카페와 비교하지 말고 수백만 원을 버는 유튜버와 비교하지 말고 어제보다 나은 내가 되면 되는 나만의 세상인 것이다.

나는 하루에 500번 이상 "감사합니다."를 입 밖으로 암기하듯 이야기한다. 그렇게 내 무의식 세계에서부터 모든 것을 감사하다고 느끼고 새겨 넣고 있다. 이런 습관이야말로 어제보다 더 성장한 오늘의 내가 존재할 수 있고 성실하고 묵묵하게 앞으로 나아갈 힘을 얻을 수 있게 된다.

002

기적을 부르는 단 한 문장

나에게 맨 처음 네트워크 마케팅 사업을 전달한 친구가 있었는데 그녀는 "세상에 알려진 비밀이 있다."는 말을 자주했다. 그 당시 들었을 때는 이해가 되지 않는 말이었으나 시간이 지나고 나이가 들어가면서 그 의미가 이해가 되기 시작했다. 그 친구의 이야기대로 세상에는 알려진 비밀이 너무 많다. 그중에 이 이야기 또한 너무 흔해 그 가치를 모르는 사람이 많다.

생명에는 세 가지가 존재한다. 첫 번째는 공기, 두 번째는 물, 그리고 마지막이 음식이다. 그러나 사람들은 가장 중요한 공기와 물은 공짜로 주어졌기도 했지만 주변에 너무 흔하다 보니 사실 중요함의 가치를 모르고 산다. 공기가 없으면 우리는 단 5분도 버티지 못하는데 말이다. 그만큼 알려져 있고 너무 흔하다는 것에 우리는 그 소중함을 모르고 사는 것은 아닐까 싶다. 하지만 요즘은 미세먼지와 수질 오염으로 인해 건강한 삶은 공기와 물부터라는 인식이 확산되고 있다. 이처럼 내가 이야기하고 싶은 것은 우리가 무심하게 지나쳤던 공기와 물같이 너무 흔하고 뻔한 것들이 바로 기적의 이야기가 될 수 있다는 것이다.

세계의 성공한 행복한 부자들이 하루 동안 가장 많이 하는 말이 바로 "고맙습니다."라는 말이다. 너무 뻔해서 식상하다는 생각이 드는가? 나 또한 당신과 같은 반응이었다. 네트워크 마케팅 안에서 성공자의 감사일기의 기적을 이야기할 때마다 나는 그들의 이야기를 비웃었고 그 미래일기가 현실이 되었다는 말을 믿지 않았다. 오히려 하루 종일 불만불평을 늘어놓으며 사이가 좋지 않은 스폰서에 대한 험담을 하느라 귀한 시간을 써버리기 바빴다.

모든 것이 감사함보다는 불편함이었고 네트워크 사업이 내 뜻대로 진행이 안 될 때는 더욱 함께하는 사람들이 미웠다. 그 미움을 입 밖으로 꺼내다 보니 실체 없는 부정적인 감정들은 현실이 되었다. 지금 생각해 보면 말이 씨앗이 된다고 그때 입으로 함부로 꺼냈던 사람들에 대한 험담에 가장 크게 상처로 되돌려 받은 것은 나였다. 진짜 말이 가지는 힘을 알게 되니 지금은 말 한마디를 조심하려 노력한다.

말이 가장 무서운 이유 중의 하나는 눈에 보이지 않는다는 것이다. 눈에 보이지 않다 보니 그냥 입 밖으로 내뱉으면 말이 사라진다고 생각한다. 사실 말은 사라지는 것이 아니라 돌고 돌아 그 당사자의 귀에 들린다는 것을 나는 미처 몰랐다. 말이 칼날처럼 상대방을 헤집고 부정의 언어는 부정의 에너지로 어딘가에 쌓여 있다가 한순간 몰락으로 돌아온다는 말을 믿지 않았다. 왜냐하면 말을 하는 그 순간 나는 옳고 상대방은 틀렸다 생각했기 때문이다.

내가 이야기하는 것은 부정적인 이야기가 아니라 상대방에게 필요한 이야기였고 그냥 단순한 가십거리로 악의적인 마음이 없다고만 생각했다. 그러나 내가 내뱉은 말들은 나의 감정에 기쁨, 행복보다는 미움, 원망, 부정의 언어들이 더 많아서 나의 에너지도 그렇게 서서히 망가지고 있었던 것이다.

부정의 언어를 많이 사용할수록 나의 성격 또한 이기적으로 변해갔고, 사업도 뜻하지 않은 상황들이 만들어져 갔다. 많은 것들을 잃고 나서야 내 문제에 대해 고민하기 시작했고, 비로소 가장 많이 후회한 것이 너무도 쉽게 말을 해버린 것이었다. 말의 힘을 모른 채 부정적인 말을 많이 한 것을 두고 많은 후회와 반성을 했다. 또한 그 즈음에 아무 생각 없이 했던 이야기들이 나의 의도와는 상관없이 말을 전달하는 사람들에 의해 구설수에 올라 있기도 했다.

네트워크 마케팅 사업을 같이 했던 전 동료들에게서 비난을 들으며 그때 다시 깨달았다. 사실 관계를 전달하는 것조차 내 입장에서 생각하고 그것을 판단해서 상대방에게 전달하고 있었음을 말이다. 말이라는 것은 내가 의도해서 했던 말이 아니라 해도 듣는 상대방에 의해 얼마든지 왜곡될 수 있다는 것을 깨달으니 나의 한 마디 말실수로 인해 누군가는 상처를 받았다 생각하니 미안한 마음이 들었다. 또 그 말들이 부메랑이 되어 나에게 그 이상으로 되돌아올 때는 마음이 정말 힘들었다. '좋은 말은 백리까지 간다면 나쁜 말은 만 리도 갈 수 있다'는 속담을 실감하는 순간이었다.

사람과의 관계가 전부인 네트워크 마케팅 사업 안에서 말은 너무나 중요하다. 다양한 사람들이 모이는 곳이 네트워크이다. 그 안에서 나와 다른 사람이 있고, 서로가 성격도 다르고 살아가는 환경도 다르기 마련이다. 그렇기 때문에 일정 부분에서는 서로가 이해하지 못할 부분도 많다. 그렇기 때문에 더욱 서로 간에 할 수 있는 이야기를 조심하고 또 조심하는 것이 맞다는 것을 깨닫게 되었다.

상대방의 이야기에 만약 나도 모르는 사이 휘말린다면 기꺼이 그를 멀리하는 것이 좋다. 그렇게 말로 인해 많은 것들을 잃어보고 나니 《2억 빚을 진 내게 우주님이 가르쳐준 운이 풀리는 말버릇》이라는 책의 내용에 격하게 공감되었다. 특히 '감사합니다'란 문장을 놓고 많은 생각을 하게 되었다.

나는 네트워크 마케팅 사업 안에서 1% 직급까지 올라간 순간조차도 진심으로 감사한 적이 한 번도 없었다. 항상 더 나은 삶을 사는 것에 목말라했고, 모든 순간들이 불만족스러웠다. 인생이 나에게는 불만족스러우니 내가 일하는 것에 비하여 결과는 미비하다고 생각했다. 운이 나빠서 나와 맞지 않는 스폰서를 만났다고 불평을 했으며, 나만 더디게 성장한다며 매일 한탄했다.

네트워크 마케팅 사업 안에서 수입이 커졌어도 지출도 많았기 때문에 여유가 없음을 탓했고, 그 직급을 유지하려하니 마음의 여유도 없었다. 많은 것들을 가지고 있어도 나는 나 자신에게 '감사합니다'라는 삶과는 거리가 멀었다.

아직도 선명하게 기억하는 순간이 있다. 그렇게 많은 사람 속에 둘러싸여 있고 많은 것을 누리다가 하루아침에 사람들이 등을 돌리는 경험을 한 그날 밤의 일이다. 밤새 한 숨도 자지 않고 처음으로 나 자신을 스스로를 뒤돌아보았다. 10년 동안 열심히 한 모든 공로는 사라지고 그 많은 파트너들도 사라진 채 혼자 거실에서 밤새 끙끙거리며 현실과 마주했다. 그러면서 새벽에 동이 트는 것을 지켜보며 나 스스로 마음을 정리하면서 내린 결론이 있었다. 바로 하늘이 돕고 사람이 도와야 내가 성공할 수 있다는 것을 알았다. 하늘과 사람이 등을 돌리는데 어찌 내가 좋은 결과를 낼 수 있을까? 그리고 내가 성공을 향해 그렇게 집요하고 맹목적으로 뛰어갔음에도 불구하고 왜 성공할 수 없었는지 깨닫는 순간이기도 했다.

나는 거꾸로 살았던 것이다. 내 힘으로 무엇이든 하려 했고, 열심히만 하면 다 된다고 생각하고 내 힘만을 믿었다. 그러니 하늘의 도움과 사람의 도움에는 관심도 없었을 뿐만 아니라 어떻게 도움을 받아야 하는지도 몰랐다. 그때 만난 책이 《2억 빚을 진 내게 우주님이 가르쳐준 운이 풀리는 말버릇》이었다. 말버릇으로 운이 풀릴 수 있다는 발상이 낯설었다. 이렇게 쉬운 '감사합니다'라는 문장이 나를 성공으로 이끌어준다고? 내가 가지고 있는 빚을 갚아준다니 믿어지지 않았다.

그 당시 나는 내가 할 수 있고 없고의 선택권 자체가 없는 상황이었다. 지금 생각해 보면 그 상황이 인생의 축복이었다. 오랜 시간 진행했던 네트워크 마케팅 사업도 여러 가지 이유로 탈퇴하며 앞으로 먹고살아야 하는 길이 막막해졌었고 엎친 데 덮친 격으로 아버지의 건강도 좋지 않았다. 사람들과의 관계를 정리하며 아버지의 수술 문제까지 겹치게 되니 스트레스와 경제적인 압박감이 시작되었다. 지금 생각해보면 그렇게 큰일이 아니었는데 왜 그때는 매사를 심각하게 받아들였는지 웃음이 난다. 아무리 상황이 어려워도 살 방법은 나오는 것처럼 당시 내 곁을 지켜준 친구가 있었다. 그날도 힘든 마음을 붙잡고 그 친구를 만나 차 한 잔을 하고 돌아서는 길이었다.

"언니, 왼발을 내딛을 때 '사랑합니다', 오른발을 내딛을 때 '감사합니다'라고 이야기해 봐요. 그리고 급하게 발걸음을 옮길 때는 길게 이야기할 수 없으니 그냥 빠르게 '감사', '사랑'이라고 하면서 걸어 봐요."라고 이야기하며 웃었다.

그녀와 헤어져 집에 돌아오는 길에 묘한 기분이 들었고《2억 빚을 진 내게 우주님이 가르쳐준 운이 풀리는 말버릇》책의 한 구절이 떠올랐다. 책에서는 5만 번 이상의 '감사합니다'를 입 밖으로 꺼내라 이야기한다. 주인공은 자신이 생각했던 것보다 대단한 비법이 아님에 실망하며 그렇다면 누구나 행복해질 수 있는 것이 아니냐고 반문한다. 그러자 우주님은 화를 내며 “그렇지만 아무도 그렇게 하지 않잖아.”라고 소리를 지른다. 생각해 보면 정말 맞는 말이다. 인생에서 진리는 단순하며 성공의 진리도 단순하다. 그러나 우리는 성공이란 대단하고 멋지고 놀랍고 위대한 무엇인가가 있다고 생각한다. 만약 그렇다 하면 그렇게 대단하고 위대한 비법을 보통의 평범한 사람들이 할 수 있을까?

지쳐 있던 내가 성공이란 위대한 일을 생각할 수 있었던 것은 그 당시 “감사합니다.”라고 외칠 수 있게 된 덕분이었다. 이 한 마디의 말이 진리가 되었고 구원이 되었다. 그것은 아무것도 남지 않은 내가 할 수 있는 몇 안 되는 일이었고 그렇게 시작한 마법과도 같은 주문을 외우기 시작했다. 그리고 나의 감사 기적은 일 년 동안 완전히 다른 영역으로 넘어오게 만든 힘이었다. 그로부터 일 년 동안 매일 “감사합니다.”라는 말을 놓치지 않고 늘 의식하며 했고 이 감사의 기적은 내게 놀라운 일들을 연속적으로 가져다주었다.

나는 현재 일 년 전과는 너무도 다른 삶을 살고 있다. 그 사이에 좋은 스승과 동료, 친구를 만났고 무엇보다 경제적 풍요를 이룸과 동시에 감정적으로 훨씬 여유 있어진 풍요로운 삶을 살고 있다. 경제는 우리 가족이 누리고 싶어 하던 것을 누릴 수 있게 될 만큼 풍요로워졌고 더 이상 돈에 구애를 받지 않아도 되니 가정은 더욱 화목해지고 편안해졌다. 놀랍지 않은가? 불과 일 년 동안 내가 한 일은 “감사합니다”라는 말을 하며 앞으로 한 발자국씩 걸음을 뗀 것이다. 돈도 없고 열정도 사라지고, 체력도 바닥이 난 상태에서 "감사합니다"라고 말할 수 있는 것이 쉬운 일은 아니었지만 이 감사 기적을 믿고 내가 할 수 있는 일에 최선을 다하여 배움에 투자하니 정말 새로운 길이 열렸다.

지금 과거의 나와 같이 힘든 사람이 있다면 꼭 이야기해 주고 싶다. 힘들더라도 포기하지 말고 "감사합니다."라고 수시로 외쳐보라. 모든 문이 닫혀 열릴 것 같지 않고 죽을 것 같은 순간이라도 사실은 한 단계 더 도약할 수 있는 기회라는 것을 깨달아야 한다. 나 역시 그 시간을 보내고 나니 그 시기야 말로 풍요로운 지점으로 넘어가기 위한 필수코스였음을 깨닫게 되었다.

003

완벽하려고 애쓰지 마라

완벽하다는 것은 좋은 의미일까? 나쁜 의미일까? 나는 주변 사람들에게 완벽하다는 것은 존재하지 않는다고 이야기한다. 그것은 어디까지나 자신들의 주관적인 영역이고 어떻게 보면 일을 하는 데 있어서 전혀 도움이 되지 않는 단어일 수도 있기 때문이다. 그럼에도 완벽이라는 단어는 듣는 사람들에게 좀 더 긍정적이고 멋진 단어에 가깝다고 생각하는 사람들이 많다. 완벽하게 할 수 없으면 네트워크 마케팅 사업을 하지 않겠다고 이야기하는 사람도 있고, 완벽하게 준비가 되어야 일을 시작하겠다고 말하는 사람도 많다. 과연 완벽하게 준비된다는 시점이 있기는 한 것일까? 그리고 완벽하다는 기준은 무엇인지 궁금하다.

가까이 지내는 사람들에게도 자신이 원하는 결과를 빨리 이끌어내지 못하는 것은 완벽하려고 하는 결벽증에 가까운 성격 때문일 수 있다고 종종 이야기를 한다. 무엇인가 자신이 생각하기에 완벽해야 한다는 생각으로 하나를 배워도 그 안에서 일어날 수 있는 모든 경우의 수를 대비하며 시작도 하기 전에 이미 탈진해 버리는 것이다. 내가 완벽하려고 노력하는 것을 나쁘다고 말하려는 것은 아니다.

예를 들어 오프라인에서 작은 매장을 연다고 생각해 보자. 그럼 매장은 최대한 정리가 되어야 하고 완벽한 세팅은 아니더라도 어느 정도 손님을 맞이할 정도는 되어 있어야 한다. 오픈 준비를 하는 사업자라면 잘 알테지만 얼마나 신경을 곤두세워서 모든 준비를 하는지 알 수 있을 것이다. 그러나 완벽하게 준비되었다 하더라도 사람이 하는 일에는 완벽하다는 것이 존재하지 않을뿐더러 상대적인 것이라 모든 사람의 눈에 다 맞는 것은 아니다.

사람마다 완벽하다는 기준은 다를 것인데 특히 온라인 안에서는 더욱 그렇다. 오프라인은 환경의 세팅이 중요한 부분을 차지할 수도 있지만 온라인 안에서는 철저하게 콘텐츠가 부각이 되어야 한다. 콘텐츠가 중요하다면 콘텐츠를 담고 있는 외장은 사람들이 생각하는 것만큼 그렇게 중요하지 않다는 것을 알 수 있다. 그러나 대부분의 사람들은 눈에 보이는 것에 치우쳐 콘텐츠에 충분한 시간을 들이는 것이 아니라 어떻게 하면 사람들에게 완벽하게 잘 보이는지 고민한다.

온라인 안에서 콘텐츠로 많은 부분을 차지하고 있는 것이 글이다.

글을 쓰다 보면 글을 쓰고 있는 사람의 기본적인 성격과 가치관, 생각, 감정 등을 읽을 수 있다. 그렇기 때문에 글을 통해 많은 사람들이 그 사람을 만나고 싶어 하는 대상이 될 수도 있고 관심을 가지지 못하는 대상이 될 수도 있다. 그래서 많은 이들이 글을 완벽하게 작성해서 세상에 내놓으려고 하지만 이것이 정답이라고 말할 수는 없을 것이다. 완벽을 추구하며 만약 그 글이 엄청난 분량을 요구하는 책이라면 과연 그 책은 세상에 나올 수 있을까?

답은 우리가 이미 알고 있다. 어차피 이 세상에는 완벽한 지식이란 존재하지 않는다. 아무리 우리가 완벽하게 준비를 하고 또 하고 또 한다 해도 시간이 지나면 그 완벽함은 사라지고 부족함이 드러난다. 그렇기에 나는 온라인 안에서 글을 작성할 때 최대한 집중해서 작성 한다. 그리고 맞춤법을 고치고 앞뒤 연결이 안 되는 문장들을 매끄럽게 교정한 뒤 블로그나 카페에 올린다. 그럼에도 불구하고 물론 누군가는 맞춤법이 틀렸다고 이야기하거나 공감할 수 없는 이야기라고 할 수도 있다. 그렇다면 그 다음에 수정하면 되는 것이다.

나는 더 이상 온라인에서 맞춤법이 틀렸다고 하거나 내 생각이 틀렸다고 하는 것 등의 비난이 두렵지 않다. 왜냐하면 지적을 받으면 고치면 되는 것이고 굳이 내 생각에 공감해 달라고 매달리고 싶지도 않기 때문이다. 그저 내 생각과 같은 사람들을 만나면 되는 것이다. 어떻게 우리가 사람인데 모든 사람을 만족시키겠는가? 오히려 그런 생각들이 오만이고 교만이라고 생각한다.

나는 사람들에게 다른 사람들로부터 비난받는 것을 두려워하지 말라고 이야기한다. 다른 사람의 말 한 마디에 자신의 감정을 소비하며 위축되는 것은 자신의 인생에 이득이 될 것이 전혀 없기 때문이다. 다른 사람의 시선을 두려워할 것이 아니라 앞으로 내가 나아가는 것이 더 중요한 문제 아닌가.

완벽해지려고 노력하는 것은 다른 사람들의 시선을 의식하기 때문일 수도 있다. 내가 이렇게 이야기하면 누군가가 무엇이라 이야기할 것이라고 생각하는 순간 타인의 비난이 두려워 사람들을 피하게 된다. 그저 못하면 못하는 대로 세상에 내가 만든 결과물을 올려보라. 그것 자체가 앞으로 나아가는 길이다.

요즘은 유튜브에 영상을 올리고 싶어 하는 사람들이 많은데 마음만 굴뚝같을 뿐 실제로 실행에 옮기는 사람은 적다. 왜일까? 그 이유도 천차만별이다. 그중에 하나는 민망하고 쑥스럽기 때문이다. 그렇다면 언제까지 하고 싶다는 이야기만 할 것인가? 준비는 영원히 안 될 수 있다. 언제까지 준비하느라 생각만 하고 있을 것인가? 인생에서 가장 중요한 시간은 지금도 지나가고 있다. 그럼으로 완벽한 타이밍은 존재하지 않는다는 것을 기억하자. 우리는 미완성에서 완성을 추구하며 삶을 살아가는 것이기에 부족해도 도전해 보는 것이다. 부족해도 유튜브에 영상 하나를 찍어 올려보면 인생이 바뀌는 경험을 할 것이다.

나 역시 유튜브에 올린 첫 번째 영상은 매우 어색하고 엉성하다. 지금은 편집도 제대로 못한 그 영상을 보며 오히려 발전할 수 있다는 것에 감사함을 느낀다. 물론 지금은 많이 능숙해졌고 편집 시간도 오래 걸리지 않는다. 그러나 그때 모든 준비가 완벽해야 시작하겠다고 말하며 영상 편집을 마스터하고 대본이 완성되어야 영상을 찍겠다고 했다면 나의 유튜브 영상은 아마 세상에 나오지 못했을 것이다.

이 책 또한 마찬가지이다. 나의 경험을 밑거름으로 쓴 이 책도 더 준비되면 써야지 했다면 여전히 나는 한 글자도 쓰지 못한 채 마음만 앞세우고 있을 것이다. 오히려 나와 비슷한 경험을 한 다른 사람이 나보다 더 빨리 책을 냈을 수도 있다. 나는 보통 할까 말까 하며 갈팡질팡할 때는 그 일을 하는 쪽으로 선택한다. 당신은 어떠한가? 완벽한 타이밍을 기다리는 삶을 계속 살 것인가? 아니면 도전해서 부딪치고 넘어지면서 배워 나갈 것인가?

만약 누군가 자신의 성격이 완벽한 것을 좋아해서 고치기 어렵다고 말한다면 그 성격을 고쳐야 사업에서 성공할 수 있다고 이야기해주고 싶다. 완벽해질 때까지 준비해서 실수를 하지 않겠다는 생각만큼 어리석은 생각은 없는 것 같다. 사람은 실수를 통해 완벽해진다고 생각하기 때문이다. 물론 같은 실수를 반복해서는 안 되겠지만 실수를 통해 경험하지 않고 어떻게 일을 배울 수 있을까? 물론 같은 실수를 여러 번 반복하면 어떠한가? 여러 번 실수한다고 해서 세상에 큰 일이 나는 것도 아닌데 말이다.

나는 네트워크 마케팅 사업을 시작하기 전 은행을 다녔었다. 은행에서 돈을 만지는 일이 직업이다 보니 마감할 때 입금액과 출금액이

다르면 그 오차 범위를 어떻게 해서든 내가 매꿔야 했다. 나 또한 은행 마감 시간이면 어김없이 오차가 발생했는데 금액은 적게는 몇 십 원, 많게는 몇십만 원을 내야만 했다. 어떤 달은 외화를 잘못 계산해서 내 한 달 급여를 고스란히 반납하는 달도 있었다. 이후에도 실수는 끊임없이 계속되었고, 세금 고지서를 납기일이 지난 것을 잘못 받아 여러 차례 고객들에게 항의 전화도 받았던 일도 있었다. 그러나 어떠한가? 시간이 지나면서 실수도 반복하다 보니 놀라운 일이 일어났다. 온종일 고객이 많아 아주 바쁜 하루를 보내서 시제(돈)가 틀려도 어디에서 틀렸는지를 정확하게 찾아내었고, 하물며 옆 직원의 시제까지 찾아주는 경지에까지 오르는 것이었다. 그렇게 사람은 실수를 통해 실력을 쌓는다. 물론 오프라인 사업을 하고 있는 사업주는 실수하지 않기 위해 노력하는 것도 당연하다. 왜냐하면 오프라인에서 실수는 돈과 연결되는 경우가 많기 때문이다. 그렇기 때문에 온라인 비즈니스가 더욱 매력적인 것은 실수를 허용할 수 있는 영역이 너그럽다는 것이다. 온라인 비즈니스에서는 임대료를 낼 필요도 없고 고용한 직원도 없으니 고정 비용이 나갈 것이 없다. 그렇기에 마케팅 방법을 이렇게도 해보고 저렇게도 해보며 고객이 찾아오게 만들게 하면 되는 것이다.

작성한 글에 고객들의 반응이 없다고 해서 실망할 필요가 없다. 다시 글을 작성하면 되는 것이다. 얼마나 좋은 곳인가? 물론 인터넷에서의 규칙을 내가 모르고 있다면 역시 금전적인 보상이 발생할 수도 있지만 걱정부터 하지 말기를 바란다. 이 세상에 안 되는 것이 어디 있겠는가? 그렇기에 실패를 두려워하지 말고 도전해 보는 것이다. 놀라운 일들이 일어날 것임을 경험할 수 있을 것이다. 온라인 시장에서는 완벽한 사람보다는 빠르게 진행하며 실수를 정정해 나가는 사람들의 성적이 훨씬 좋다. 온라인은 속도전이다. 트렌드가 빠르게 바뀌고 SNS의 공간이 빠르게 변화함으로 고객들이 좋아하는 콘텐츠들이 쉴 새 없이 교체되고 있다. 그리고 당신이 우물쭈물하는 사이에 당신과 똑같은 콘텐츠를 가지고 누군가 온라인을 장악해 버리면 당신의 기회는 없어지는 것이다.

오늘부터 내 성격은 "완벽해!"라는 이야기를 더 이상 하지 말자. 빠르게 급변하는 세상에서 당신이 살아남기 위해서는 자기 자신을 섣불리 규정짓지 말자. 그리고 이 세상에는 안되는 것은 없다. 고로 당신의 완벽주의자인 성격도 얼마든지 바꿀 수 있다. 단 바꿀 수 있다고 믿고 진행한다면 말이다.

왜 온라인 시장에서는 완벽함보다는 빠르게 일을 진행하는 사람들이 더 유리한지 그 이유를 꼭 생각해 보자. 온라인의 성격은 속도전이기 때문에 온라인 시장을 잠깐이라도 경험한 사람들은 이구동성으로 정말 눈 깜짝 할 새에 트렌드가 바뀐다고 이야기한다. 정확히 알아보았다. 그것이 바로 온라인 시장이다.

정말 많은 SNS의 강자들이 눈 깜짝 할 새에 사라지는 것을 경험했고, 또 어마어마하게 큰 인터넷 세상의 공룡이 막을 내리는 것도 경험했다. 그렇기 때문에 내가 아무리 완벽하게 웹사이트를 구축한다 해도 한달이 무엇인가? 단 일주일 안에도 변하는 곳이 온라인 세상이기에 완벽함을 내려놓고 시장에서 원하는 아이템을 주력하고 콘텐츠에 집중해야 한다. 트렌드에 맞추어 상품을 먼저 세상에 내놓고 그 다음에 돈을 벌어가면서 외관을 단장하면 된다. 오프라인과는 반대로 온라인 시장은 반대라는 것을 꼭 기억해라. 오프라인에서 하던 식으로 손님맞이를 완벽하게 하려고 한다면 온라인 시장에서는 벌써 당신보다 빠르고 실력 있는 그 누군가가 당신의 아이템을 갖고 먼저 시장을 선점하고 있을 것이다. 온라인 시장의 이점을 터득한 사람은 정말 밤낮으로 잠을 안 자고 일을 해서 3일 안에 온라인 시장에 문을 연다는 것을 기억해야 한다.

004

비즈니스 마인드란?

나의 부모님은 오랫동안 음식 장사를 하셨다. 조그마한 가게를 20년 가까이 운영하시면서 그곳에서 나오는 수입으로 생활하셨고 자녀들을 대학까지 보내셨다. 그러나 평생을 육체적으로 고된 삶이었고 여유 또한 없으셨다. 항상 부모님은 내게 장사를 하지 말고 좋은 직장에 들어가 월급을 받는 삶을 살라고 이야기하셨다. 아마도 하루 벌어먹고 사는 방식의 장사가 힘이 드니 자녀들이 그와 같은 삶을 사는 것이 싫으셨던 것 같다. 그렇기 때문에 나는 나름 사람들이 좋다 말하는 직장을 다녔고 배우자도 월급을 받는 사람을 선택했다. 그러나 취업을 해 직장인이 되고 나니 손님을 기다리는 부모님의 모습이나 하루하루 다람쥐 쳇바퀴 도는 듯한 나의 모습이 별반 다르게 느껴지지 않았다.

내가 처음 직장인의 삶의 한계를 보고 선택한 것이 네트워크 마케팅이었다. 내가 경험할 수 있었던 세상은 장사와 직장인의 삶이었고 그 안에서 생각한 사고가 내 의식의 전부였던 것 같다. 그러다 보니 네트워크 마케팅 사업도 어떤 해는 장사처럼 했었고 또 어떤 해는 직장인처럼 일을 했다.

네트워크 사업이 잘되는 것처럼 보여도 내가 느끼는 두려움은 나날이 커져만 갔다. 네트워크 마케팅 사업은 장사도 아니고 그렇다고 직장처럼 다니는 곳도 아니었던 것이다. 사업을 진행하면 할수록 네트워크 마케팅은 일반 비즈니스와 똑같이 제대로 된 사업가 마인드가 필요했다. 그러나 안타깝게도 내 주변에는 사업을 사업답게 배운 사람이 없었다. 로버트 기요사키의《부자 아빠 가난한 아빠》를 읽으며 그 당시에는 그냥 지나쳤던 부분도 시간이 지나자 마음에 와 닿는 부분이 많았다.

생각해 보면 내가 너무도 사랑한 부모님은 가난했고, 내가 네트워크 마케팅 사업 안에서 따랐던 스폰서들도 역시 가난한 부모들이었다. 가난한 부모나 스폰서들이 나쁘다는 이야기를 하려고 하는 것이 아니라 부자 아빠의 제대로 된 사업에 대한 경험과 마인드를 배우지 못하다 보니 사업을 하는 관계 속에서나 결정을 내려야 할 때 사업가다운 결정보다는 감정에 의한 선택이 많았다. 지금 생각해 보면 그것은 상위 스폰서들도 마찬가지였다. 감정에 의해 서로가 이익이 되는 방식이 아니라 서로가 서로에게 가난한 마인드로 사업을 하니 결과가 좋을 수가 없었다.

내 주변에는 진짜 사업가가 없었다. 그렇기 때문에 모든 일의 시행착오는 오직 나의 몫이었다. 한발 더 나아가 나보다 어린 파트너들 또한 직장에서 일을 한 경험이 전부였고 그나마도 일도 안 해본 사람도 있었다. 결국 실패로 끝난 사업을 접은 후 비즈니스에 대해 배우기 시작하며 크게 사업을 하는 사업자들을 만나 그들의 노하우를 배웠다. 그들은 그냥 호칭이 사장님이라서 사장이 아니고 리더라고 해서 리더가 아님을 다시 깨닫게 되었다. 진짜 사장은 철저하게 자신이 결정을 내리고 내린 그 결정에 대하여 끝까지 책임을 지며 감정적으로 일을 진행하지 않는다는 것이다.

'사장학 개론'으로 유명한 사장님이 있다. 그분의 가르침에는 정말 사장으로서 우리가 어떻게 마음가짐을 지녀야 할지 등 배울 점이 많다. 나 역시 비즈니스에서 지녀야 할 대표로서 가져야 할 많은 덕목 중에 올바른 사업가 마인드를 일순위로 꼽는다. 올바른 사업가의 마인드란 과연 무엇일까?

내가 생각하는 사업가 마인드는 사람을 널리 이롭게 하는 것이다. 우리가 하는 네트워크 사업은 일반 사업과는 다르게 제대로 된 사업자 마인드가 더욱 필요하다. 스폰서가 잘못된 방향으로 마음을 먹고 네트워크 사업이 진행되면 정말 많은 이들에게 피해가 갈 수 있기 때문이다. 많은 가정이 무너질 수도 있다. 그렇기 때문에 네트워크 사업을 하는 많은 이들에게 도움이 되고 그들의 삶을 더 나은 삶이 되도록 올바른 방향을 제시해 줄 수 있어야 한다.

나의 정신세계에 많은 영향을 주신 또 한 분의 스승은 "나 스스로가 행복한 것이 진짜 행복이며, 그 행복이란 누군가의 삶에 긍정적인 영향을 미칠 때이다."라고 강조하셨다. 다시 말하면 누군가의 삶에 긍정적인 영향을 미칠 때 나 스스로가 진짜 행복해진다는 말이다.

지금 우리는 어떠한가? 예전 시스템에서 이야기하던 사업가 마인드에서 투자 마인드가 있었다. 간판을 올려도 500만 원이 넘게 드는데 사업을 사업답게 하려면 투자 마인드가 필요하다는 식의 이야기였다. 그 당시에는 그 단어를 겁도 없이 따라 사용했던 것 같다. 그로인해 얼마나 많은 잘못된 결과를 가진 네트워커들이 세상에 흘러넘치는 지도 잘 알게 되었다. 단지 일을 일로서 바라보고 많은 것들을 포기하고 유보하는 것이 사업가의 자세가 아니라는 것을 강조하고 싶다. 돌이켜보면 너무 이기적인 안목으로 파트너들에게 사업자의 자세를 강요한 것은 아니였을까? 파트너들에게 희생을 강요한 것은 아니였을까 생각해 본다.

네트워크 사업이 만들어진 초창기 회사의 창립자는 "네트워크 마케팅 사업을 만든 이유는 기회가 없는 사람들에게 잘살 수 있는 기회를 주기 위해서"라고 이야기했다. 자본주의에 살면서 기회라는 것은 제한된 부를 가지고 있는 사람에게 돌아가는 것이 당연하다. 그러나 그 창업자는 당연한 자본주의 시장을 뛰어넘어 정말로 많은 사람들과 더불어 잘살기를 바란 것 같다.

왜 네트워크 마케팅 사업을 하는데 사람을 이롭게 하는 사업가 마인드가 필요할까? 그것은 네트워크 사업에서 누군가와 소통하기 위해서는 위에 언급한 마인드가 기본이 되어야 하기 때문이다.

온라인도 마찬가지이다. 이 세계 또한 사업가 마인드가 필요하다. 많은 사람들은 온라인의 세상은 눈으로 보이지 않기 때문에 더욱 쉽다고 생각한다. 그러나 온라인을 경험한 나는 오프라인보다 더 섬세하며 더 윤리적인 신뢰를 기반으로 한다는 것을 깨달았다. 이제 막 이 사업을 시작한 당신이 어떤 사업가 마인드로 사람들과 소통하고 올바른 정보를 제공하느냐에 따라서 정말 좋은 사람들을 만날 수 있기도 하고 아니면 그 반대로 힘든 사람들을 만날 수 있기도 하다.

지금 내가 분출하고 있는 에너지는 상대를 끌어당기는 자석이 된다. 에너지는 자석이기 때문이다. 당신이 많은 사람을 이롭게 도와주는 사람으로서 에너지를 내뿜으면 그와 같은 에너지를 갖고 있는 사람들이 당신을 찾게 될 것이다. 반대로 당신이 이기적이고 돈만을 앞세우며 온라인 안에서 사람들을 모으기에만 급급하다면 당신에게 오는 사람은 당신과 같을 것이다. 무섭지 않은가? 당신이 어떤 사람이냐에 따라서 당신의 그룹은 이기적인 사람들의 그룹이 될 수도 있고, 반대로 사랑이 가득하며 나누는 삶을 기뻐하며 사는 그룹이 될 수도 있다.

온라인 네트워크 시장에서 사업자로 살아남기 위해서는 첫째, 제대로 된 마음가짐이 중요하다. 그중 첫 번째로 이제 오프라인이라는 제한된 시장에서 온라인 시장으로 넘어와야 한다. 더 넓은 세상으로 나와 많은 이들에게 제대로 도움을 주기 위해서 말이다. 이 사실을 인지하고 사업을 진행한다면 정말 멋있는 일을 하고 있는 것이다. 스스로 돕는 자에게 도움을 줄 수 있는 일이라 표현한 어느 리치 창업자의 말처럼 말이다.

두 번째로 사업가 마인드로 갖춰져야 할 것은 끊임없이 배우고 생각하고 개선하는 것이다. 우리는 제대로 된 배움에 노력을 해야 한다. 하루에 마음잡고 책을 읽기 시작하면 기본 책 한 권은 읽는다. 이렇게 읽는다면 한 달에 평균 30권 가까이 책을 읽는 셈이다. 이렇게 읽어도 사실 부족한 것이 책에 대해 투자하는 시간이다. 그러나 많은 사람들은 책을 읽는 것보다는 영상을 통해 보거나 음성 파일로 듣는 것을 선택한다. 책을 읽는 것은 위에서 쉽게 표현했으나 하루에 한 권을 다 읽는다는 것이 어렵다는 것을 잘 알고 있다.

해야 할 일이 많은데 책까지 읽으려고 하면 속도도 나지 않아 일주일에 한 권 읽기도 버거운 것이 사실이다. 그럼에도 불구하고 독서를 게을리하면 안된다. 왜 책을 읽어야 할까? 그 안에서 배울 내용도 많지만 가장 중요한 것은 사고의 확장성 때문에 책을 읽어야 한다. 사고가 확장이 되어야 남들과 다른 사고가 가능하다. 남들과 다른 사고가 왜 온라인 마케팅에 필수인지 생각해 보았으면 좋겠다.

오프라인 마케팅의 가장 큰 특징은 만나서 이야기를 할 수 있다는 것이다. 만나서 유머러스한 모습을 보여줄 수도 있고 말을 재미

있게 해서 상대방에게 호감을 이끌어낼 수도 있다. 또한 멋지게 차려 입고 상대방을 만나는 것으로 당신을 포장할 수 있다. 그러나 온라인 안에서 당신을 보여줄 수 있는 방법은 상당한 제약이 있다. 어떻게 보면 당신이 상대방의 반응을 이끌어내기도 하지만 어떤 상황에서는 예비 사업자나 소비자들이 당신을 선택하는 것이다. 그때 상대방이 당신과 소통하고 상대방의 반응을 이끌어낼 때 가장 많이 사용하는 방법은 글이다. 글로 당신의 생각을 보여주어야 하고 모습을 드러내야 한다.

유튜브를 통해 자신의 외모와 언변을 보여주면 더욱 쉽게 갈 수 있지 않는지 이야기하는 분들도 있다. 심지어 요즘 사람들은 글보다 영상에 반응하고 글은 읽지 않는다고 글을 쓰는 것은 중요하지 않다고 이야기하는 사람들도 많다. 하지만 말은 그 사람의 생각을 반영한다. 유튜브에서 당신이 아무리 매너 있게 그리고 멋지게 말을 한다 해도 당신이 하는 말에 알맹이가 빠져 있다면 고객의 시선을 잡지 못한다. 게다가 신뢰를 기반으로 하는 사업이 네트워크 사업인데 농담을 하며 사람들을 웃기는 것만으로 누군가가 당신과 사업을 하고 싶은 마음은 들지 않을 것이다. 상대방과 입장을 바꾸면 답은 더욱 명확해진다.

당신은 어떤 스폰서와 같이 일을 하고 싶은가? 끊임없이 책을 읽고 배움의 영역을 확장하며 남들과 다른 사고로 올바른 방향성을 제시하는 사람과 일을 하고 싶은가? 아니면 반대로 자신이 무슨 말을 하는지도 모르고 입이 험하고 아무 생각 없는 단지 웃기다는 장점만 있는 사람과 사업을 하고 싶은가? 다시 이야기하면 결국 당신이 원하는 것을 상대방도 원한다고 이야기를 하고 싶다. 사실 글이나 말도 결국은 당신의 생각을 표현하는 도구이다. 그렇기에 말과 글은 생각으로 결국은 하나인 것이다. 당신이 남들과 똑같은 이야기로 글을 쓴다는 것은 경쟁력이 떨어진다는 사실을 꼭 기억하라.

지금 이 시간에도 많은 네트워커들이 온라인 안에서 다양한 형태의 사업을 이루어내고 있는지 안다면 자신의 경쟁력을 기르기 위해 스스로 사고의 확장을 이루어야 한다. 나 또한 끊임없이 책을 읽고 외부강연도 들으러 다니며 의식을 확장하고 기술을 배우러 다닌다. 늘 배우는 것을 우선순위에 놓고 실천하고 있다. 왜냐하면 정체되어 있는 정보는 한계와 위험성을 갖게 되고, 남들도 알고 나도 아는 정보는 더 이상 정보가 아니기 때문이다. 많은 네트워커들은 미팅에 가서 앉아 있는다고 배운다 생각하는데 그것은 잘못된 정보의 습득 방법이다.

미팅장은 순수하게 각자의 경험을 공유하는 장소이지 정보를 교류하는 곳이 아니다. 그 안에서 흐르는 정보의 대부분은 카더라 통신이 생각보다 많고 정확도도 많이 떨어진다. 당연한 이야기다. 네트워크 메인 제품인 보조식품에 대하여 전문적으로 돈을 내고 제대로 배운 사람들도 있지만 대다수는 누군가의 음원을 듣고 비전문가에게 들은 이야기를 전달하는 경우가 많다. 그렇기 때문에 선무당이 사람 잡는다 꼴이 되어 많은 소비자들이 불만을 갖게 되었다.

네트워크 제품이면 의사에게 찾아갈 필요도 없이 오로지 이 제품으로만 암도 고친다는 웃지 못할 이야기가 있는 것이다. 당연히 책임지지도 못할 이야기들이 미팅장 안에서 흘러나오게 되고 그 이야기를 들은 초급 네트워커는 그들의 지인들에게 그 이야기가 사실에 근거한 것처럼 이야기를 한다. 이런 상황이 계속 반복되다 보니 많은 소비자들의 신뢰가 무너진 것이 지금 현재의 네트워크 마케팅 시장이다. 그렇기 때문에 더욱 배우고 제대로 준비된 네트워커들에게 기회일 수도 있다.

소비자들은 네트워크 마케팅 제품이 좋다는 것을 알고 있기 때문에 제품을 사용하고 싶어 한다. 그리고 제대로 된 네트워커를 만난 소비자들은 가격 경쟁과는 상관없이 꾸준하게 제품을 사용한다. 그래서 더욱 책을 읽고 배우며 사고의 전환을 이루어 다른 네트워커들과 다르게 이야기를 해야 경쟁력이 있는 것이다.

왜 소비자들이 네트워커인 당신에게 제품을 구입해야 할까? 생각보다 우리 주변에는 많은 네트워커들이 있다. 또한 스마트 폰에서 네트워크 제품 구입에 대해 검색을 하면 수십 페이지의 회사와 상품이 나온다. 이런 경쟁 속에서 왜 고객들은 다른 사람이 아닌 당신에게 제품을 구매해야 할까?

당신이 정말 네트워크 마케팅 사업의 대표로서 사업자 마인드가 있다면 고민을 하고 당신만의 답을 가지고 있어야 한다. 그리고 소비자의 공감을 얻을 수 있는 답이 있어야 한다는 것을 기억하자. 지금 자신의 환경이 앞으로 얼마나 많은 사람들과 소통할 수 있게 만드는지 생각하며 그 능력이 수입을 결정짓는다는 것을 알아두자.

005

고객에 대한 재해석은 언제나 필요하다

현대사회는 서비스가 강요되는 시대에 살고 있다고 해도 과언이 아니다. 얼마나 많은 서비스를 해주느냐에 따라 소비자들이 왕이 되는 시대에 살고 있는 것이다. 경제 관점으로 살펴보면 수요와 공급의 법칙 때문에 일어나는 현상이니 당연하다. 그러나 당연하다고 생각하는 것들이 사실은 그렇지 않을 때가 너무 많다. 그중에 하나가 고객에 대한 습관적인 해석이 아닐까? 예를 들어서 소비자가 왕이고 그들에게 선택권이 있으며 그들이 제품에 대한 결정권이 있다고 생각하는 것이다.

나는 당연하지 않는 세상에 살고 있다. 이 세상에 당연한 것은 없다고 생각한다. 그렇다 보니 나에게 고객이란 더 이상 서비스를 해야 하는 대상이 아니다. 또한 소비자의 선택을 소극적으로 기다리지도 않는다. 물론 오프라인 사업을 진행할 때는 나 또한 내 능력 이상으로 위축이 들어 나도 모르게 서비스 품목을 끼워주거나 그들의 마음에 들기 위해 많은 부분을 신경 썼다. 그러다 보니 몸이 아프기까지 했는데 지금은 내가 가장 싫어하는 일 중에 하나가 지인 영업이고 소비자를 찾아다니는 행동이다.

어느 날 마케팅 수업을 듣고 있는데 어느 수강생이 선생님께 "크게 사업체를 키우고 싶어서 투자자들에게 투자를 받고 싶은데 어떻게 해야 할까요?"라는 질문을 했다. 그러자 선생님은 만약 자신이 사장님과 같은 입장이라면 절대 투자자를 찾아가거나 연락하지 않겠다고 말했다. 이유가 도대체 무엇일까?

대부분의 사업자들은 소비자를 찾아가 제품을 판매하거나 예비 사업자들에게 연락을 통해 만남을 갖는다. 또한 그들을 만나기 위해 먼 지방까지 수고를 아끼지 않고 열심히 찾아간다. 나의 스승은 소비자를 찾아가고 투자자를 찾아가는 행위는 칼날을 잡는 것과 같다고 이야기했다. 다시말해 상대방이 나를 찾아오게 만들어야지 상대방을 찾아가는 것은 당신이 칼자루가 아니라 칼날을 잡는 쪽이기 때문에 여러모로 불리하다는 것이다. 좋은 조건에서 거래가 성립될 수 없다는 이야기로 나 역시 많이 공감하는 내용 중에 하나이다.

내가 온라인으로 마케팅을 시작하고 난 뒤부터는 더 이상 고속도로를 달리지 않는다. 온라인 마케팅이 좋은 점은 자신이 생각하지 못한 곳까지 인터넷 연결망이 펴져 있다는 것이다. 전국 방방곡곡에서 나를 만나러 오는 사람들에게 나에 대해 알리기만 하면 특별히 구구절절하게 이야기할 것이 없다. 내가 마케팅 스승님에게 배운 대로 좋은 향기를 내뿜고 있으면 소비자와 투자자가 동시에 찾아온다는 것이다. 그렇기 때문에 네트워크 마케팅 시장에서 흔히 벌어지는 가격 경쟁도 나에게는 큰 의미가 없어진 지 오래다. 대부분의 네트워커들의 가장 큰 고민은 가격 할인 경쟁이다.

네트워크 사업의 제품은 정말 탁월하게 좋다. 그러다 보니 네트워크 회사가 오래되면 오래될수록 사업자들이 만들어낸 제품에 대한 가격 할인이라는 장애물을 만나게 된다. 일부 사업자들이 가격 할인을 하고 거기에 익숙해진 소비자들이 할인된 가격에 제품을 구매하기를 원한다. 물론 소비자 입장에서는 당연히 할인을 받아 좋겠지만 사업자들 사이에서 피해는 속출하게 되는 것이다. 또한 온라인에 제품을 올려 판매하는 사업자들도 많다. 그 또한 이제 새로 시작하는 신규 네트워커 사업자들이 만나는 장애물인 것이다. 아무리 회사 입장에서는 인터넷에 제품을 올리는 것을 막으려고 노력한다지만 사실상 규제할 수 없고 또한 그 공급처를 찾기 또한 만만치 않은 것이다. 그러다 보니 시간이 갈수록 사업자들의 네트워크 사업 환경은 열악해지고 안 좋아지는 것이다. 게다가 안티 카페에서 적나라하게 네트워크 사업자들의 행동 요령이라며 사업의 방법이 오픈된 상황이다 보니 갈수록 후원도 만만치 않게 되었다.

이러한 오프라인 조건에서 어떻게 당신의 사업체를 구축하면 좋을까? 이제는 당신이 가지고 있는 고객에 대한 재해석이 필요하고 온라인에서 소비자를 찾기 위해 애쓰는 것이 아니라 니즈가 있는 사람이 먼저 당신을 찾아오는 방법을 구축해 나가야 하는 것이다. 그러기 위해서 가장 먼저 필요한 것은 당신이 어떻게 고객을 정의하고 그들이 당신에게 어떻게 맞추어 나갈 수 있게 만들 것인지 고민해 봐야 한다. 또한 네트워크 사업을 정보 전달이라고 이야기하기에도 경쟁력이 떨어진다는 것을 말하고 싶다. 제품이 판매되어야 당신에게도 수입이 생기는 것인데 정보 전달만으로는 절대 제품이 판매되는 기적과도 같은 일은 일어나지 않는다.

또한 많은 소비자들은 제품 판매라는 단어가 익숙해져 있는데 당신이 아무리 정보 전달이라 해도 소비자들은 당신의 말에 동의하지 않는다. 동의하지 않고 공감하지 않으면 매출은 절대 일어나지 않는다. 내가 한 때 속해 있었던 네트워크 회사의 직급 매뉴얼에는 정보 전달이라 이야기하지 않고 정확하게 '세일즈'라고 표기되어 있었다. 그리고 세일즈인데 세일즈가 아니라고 한 스폰서를 경계하고 조심해야 한다고 창업자의 메시지에도 적혀 있었다. 그럼에도 많은 네크워커들은 정보 전달이라 이야기하지만 정보 전달을 받아들이는 소비자들은 세일즈라고 이해하기에 그 둘의 사이에서는 공감대가 형성되지 않는 것이다.

나 역시 처음에는 정보 전달이고 세일즈가 아니라는 말에 안심하고 그럼 나도 해볼 수 있겠다는 생각을 했다. 그러나 사업을 하면 할수록 정보 전달이 아니라 이 일은 그냥 세일즈였다. 제품을 파는 것에 엄청난 노력을 했고, 제품 배달을 다니느라 시간을 쓰기도 했다. 그러면서 하는 행동은 세일즈인데 만나는 고객들에게는 정보 전달이라 했으니 상대방이 이해하지 못하는 상황들이 벌어지는 것이었다.

나는 '판매'라는 것이 무엇인지 새롭게 고민하기 시작했다. 그러면서 말장난하지 않고 현실을 받아들이기로 마음먹었다. 고객이 세일즈로 보인다면 나 또한 제품을 파는 사람으로서 다가가보기로 결정한 것이다. 왜냐하면 매월 해야 할 마감 실적이 있었기 때문이다. 직급, 실적, 마감이라는 단어를 생각해 보면 정보 전달이 아니라 판매에 더 가까운 것이 네트워크 마케팅의 현주소인 것이다.

네트워크 마케팅 사업은 세일즈가 맞다. 그러면서 세일즈가 정말 사람들이 생각하는 것 만큼 부담스러운 일이고 어려운 일이 아니라는 것을 깨달았다. 차라리 처음부터 세일즈라는 것을 명확하게 인지했다면 오히려 제대로 세일즈에 대해 배울 수 있는 기회가 있었을 것이다. 그러면 내 시간을 더욱 아꼈을 것이고 더 빠르게 수입을 네트워크 사업 안에서 만들어 갔을 것이다. 이 사실을 깨닫고 나니 무엇인가를 판다는 것은 즐거운 일이 되었다. 제품이 팔려나가는 속도가 빨라질수록 그리고 제품군이 다양하게 팔려나갈수록 내 수입은 커졌고, 그럴수록 판매는 더욱 늘어났다.

네트워크 마케팅 사업이 정보 전달이라고 할 때는 마감에 대한 부담감이 컸지만 오히려 세일즈라고 생각하고 진행하니 마감이 더욱 쉬워지고 파트너들에게 더욱 다양한 경험을 통해 많은 성장을 이끌어줄 수 있게 되었다. 그러면서는 네트워크 마케팅은 정보 전달이 아니라 세일즈가 맞다는 창업자의 말에 100% 공감했다. 물론 처음부터 내가 그렇게 판매를 잘했던 것은 아니다. 은행에서 네트워크 마케팅 사업으로 이직한 이유 중의 하나는 은행 상품을 팔기 싫은 것도 이유였다. 그 당시 스폰서가 나에게 네트워크 마케팅 사업은 정보 전달이지 판매가 아니라고 이야기를 했기에 이직을 결정한 것도 있었다. 물론 지금은 네트워크 마케팅 사업을 정보 전달이라고 생각하지 않는다. 내게 네트워크 마케팅 사업은 세일즈를 기반으로 하는 사업이라는 인식이 더 강하다. 그래서 끊임없이 판매하는 기술을 연구하고 고민하며 멘트를 체계화했다.

내 스스로 이 일을 숙지하자 고객들의 반응도 달라졌다. 여느 다른 네트워커들과는 다르다는 것이다. 왜냐하면 나는 철저하게 판매를 목적으로 공부하다 보니 고객에게 포커스가 완전히 맞추어져서 그들의 니즈에 부합하는 제품들로 묶음 판매가 가능하게 되었고, 그러다 보니 그들이 제품을 통해 느끼는 만족도가 높아졌다. 즉, 만족도가 높으니 당연히 충성 고객도 늘어났고 재구매율로 이어졌다.

내게 고객에 대한 서비스 개념은 그들의 만족도를 높이는 것이지 단순히 제품을 하나 더 전달하는 수준이 아닌 것이다. 그러다 보니 당연히 전문 지식 습득을 위해 필요 이상으로 노력하게 되었고, 그 방법들을 체계화해서 나만의 프로세스로 완성해 놓으니 고객 스스로 제품을 원하게 되었다. 내가 만나는 고객들의 상당수는 내게 "그럼 제가 어떻게 해야 할까요?"라는 말을 하는데 이 말이 고객의 입에서 먼저 나오면 더 이상 가격의 결정권과 제품의 구매 여부는 고객에게 칼자루가 쥐어져 있는 것이 아니라 온전히 내게 넘어오는 것임을 뜻했다. 그렇게 상담을 하는 기술을 배우면 어떤 영업 현장에서도 원하는 결과를 쉽게 얻을 수 있다.

정보 전달이라 이야기하며 고객들에게 끌려다니는 네트워커들을 보면 딱하기도 하고 답답하기도 하다. 정보 전달은 대부분 일회성으로 판매가 끝이 나니 끊임없이 새로운 소비자를 찾아 나서야 하고 소비자들이 왕이니 그들이 원하는 대로 해주다 보면 수입이 늘기는커녕 기름 값도 나오지 않는 상황이 흔히 발생한다. 차라리 집에서 나오지 않고 있는 게 더 돈을 벌 수 있는 상황까지 되는 네트워커들도 많이 만나 보았다.

그들의 가장 큰 문제는 고객들에게 너무 저자세이다. 요즘 얼마나 배달 시스템이 잘되어 있는가? 그럼에도 휴지 하나도 2시간 거리를 배달해 주는 저자세를 보면 왜 그들이 사업이 안 되는지 깊은 대화를 하지 않아도 알 수 있다. 작은 제품을 배달해 주고 고객이 원하는 것을 다 들어주는 것이 진정 고객을 원하는 일이라 생각한다면 당장 그 일을 그만두어라.

진짜 고객을 위한 일이라면 고객에게 필요한 정보와 지식을 먼저 갖추고 당당하게 고객을 만나는 것이 좋다. 고객들은 자신들에게 쩔

쩔매는 네트워커를 만나고 싶은 것이 아니라 당당한 프로사업자를 만나고 싶어 한다. 고객들은 서비스 하나를 더 껴주고 제품 가격을 깎아주는 것을 원하는 것이 아니라 정말 그들이 지불한 돈에 맞는 효과를 원하는 것이다. 그리고 당당한 네트워커 사업자에게 올바른 제품 정보를 전달받고 싶어 한다.

다시 한 번 말하지만 나는 영업을 잘하는 사람이 아니었다. 지금 내가 영업을 잘하지 못했다는 말이 전혀 납득이 안 되겠지만 나 역시 당신과 같은 수준의 시절이 있었다는 것을 이야기하고 싶다. 그러나 한 분야에서 10년 이상의 시간을 쏟아 붓고 자신의 문제점을 잡아줄 좋은 안목을 가진 스승을 만나면 얼마든지 나처럼 성공 가능성을 높일 수 있다.

다시 본론으로 돌아가 고객 또한 당신과 같은 사람이다. 당신이 그들을 바라보는 시선을 어떻게 바꾸느냐에 따라서 당신은 고객과 세상에서 가장 친한 친구가 될 수도 있고 함부로 할 수 있는 방판 사원이 될 수 있다는 것을 간과하지 말아야 한다.

4

온라인 네트워크에서 성공하기

001

나만의 브랜드가 있는가?

내가 처음으로 초대받아 갔던 네트워크 마케팅 시스템 미팅은 여전히 기억에 남는다. 그날 현장의 분위기도 생생하게 기억이 나며 그 열기도 여전히 내 가슴을 두근거리게 만든다. 그때 내가 보고 느꼈던 새로운 시장의 가능성에 대한 사람들의 열망은 여전히 살아 움직이며 현재의 네트워크 마케팅 사회를 지탱하고 있다. 나는 그때 건강도 좋지 않았는데 이 자리에 참석하고 싶었었다. 그래서 찾아갔던 것인데 왜 내가 갈 수 있는 상황이 아님에도 불구하고 찾아갔을까?

나는 네트워크 마케팅 회사에 대한 궁금증도 있었겠지만 가장 큰 이유는 그 미팅에 초대된 강연자였다. 우리나라에서 가장 큰 네트워크를 가지고 정말 일반인들이 꿈꿀 수 없을 정도의 삶을 살고 있는 사람에 대한 순수한 호기심이 나를 그 자리로 이끌었다. 그때 정말 많은 사람들이 그 리더를 만나기 위해 전국 각지에서 올라왔고 발 디딜 틈 없이 꽉 들어찬 열기를 느끼며 한 사람의 이름으로 이렇게 사람이 몰려들 수 있다는 것을 처음으로 깨달았다. 그리고 그 사람이 한 일은 네트워크 마케팅이었기 때문에 나도 도전해 볼만하다는 생각을 했다.

나는 네트워크 마케팅이 하고 싶어서 했기 보다는 그 사람이 가진 결과를 내가 가지고 싶었던 것이 내가 네트워크 사업을 시작한 동기였다. 그렇게 네트워크 시장에 입문을 하다 보니 나는 끊임없이 어떻게 하면 내 이름을 브랜드화시킬 수 있을지 고민하며 사업을 진행했다. 그런데 재미있게도 시스템에서는 자신을 내세우지 말고 제품과 회사를 앞세워서 사업을 해야 한다고 이야기를 했다. 나를 앞세운다는 것은 네트워크 마케팅의 비전을 작게 보여주는 것이기 때문에 시스템으로 사람을 데리고 와야 한다는 것이었다. 그러나 이제는 이 이야기가 전적으로 맞는 이야기는 아닌 것이다.

세상에 얼마나 많은 네트워크 마케팅 회사들이 있는가? 이제는 네트워크 사업을 하지 않는 일반 사람들도 네트워크 회사의 제품들이 좋다는 것을 알고 있다. 네트워크 마케팅의 공급 과잉 세상에서 이제는 회사도 제품도 평준화되었다고 생각한다. 그렇다면 과연 우리는 이제 어떻게 해야 갈수록 치열해지는 세상에서 살아남을 수가 있을지 고민해 봐야 한다. 시스템에서 말하는 방법은 과거에는 가능했을 수 있다. 그때는 공급보다 수요가 많았기 때문이다. 정말 생각해 볼 문제인 것이다. 공급 과잉에서 살아남기 위해서 필요한 것은 이제는 필수적으로 자신의 이름이 브랜드가 되어야 한다. 회사를 내세우고 제품을 내세워서는 원하는 결과를 만들 수 없다.

내가 초창기 네트워크 사업을 시작했을 때 많은 사람들로부터 거절을 받았다. 그때 스폰서들은 "거절은 당신에 대한 거절이 아니라 네트워크 회사에 대한 거절이고 제품을 아직 모르기에 거절하는 것이에요."라고 말했다. 이제 막 일을 시작한 나는 그 말을 믿었다. 그런데 어느 날 내가 후원하려고 했던 사람이 내가 권유할 때는 거절하더니 같은 회사의 플랜을 들고 온 다른 누군가와는 사업을 시작하는 모습을 보면서 진실을 깨달았다. 그가 거절한 것은 네트워크 회사도 아니요, 제품도 아니라 나였던 것이다. 왜 스스로가 네트워크 마케팅 안에서 나의 이름으로 승부를 걸 수 있는 브랜드가 되어야 하는지 알겠는가? 마케팅 이론에는 전문가 포지셔닝이라는 이론이 있다.

당신이 누군가에게 사업을 전할 때 이 네트워크 회사는 의사도 하고 교수도 하고 부자도 한다는 말을 해 본 경험이 있는가? 왜 의사도 하고 교수도 하는 일이라며 상대방에게 이야기를 하는 것일까? 전문가들이 네트워크 사업을 한다는 이유나 그들이 네트워크 사업을 해야 할 이유는 하나도 없음에도 우리는 은연중에 그들의 직급 브랜드를 이용하는 것이다. 그렇다면 내 이름이 다른 사람들에게 전문가로 인식을 시켜줄 수 있다면 네트워크 사업을 좀 더 쉽고 빠르게 구축할 수 있게 되는 것이다.

온라인에서 전문가 포지셔닝은 오프라인보다 더 중요하다. 온라인에서 만나는 개인과 개인은 아무런 신뢰관계가 구축되어 있지 않기 때문이다. 그렇기 때문에 온라인 안에서 전문가라는 느낌을 내 타깃층에서 어떻게 줄 수 있을지 고민해야 한다. 당신이 온라인 안에서 여러 SNS 채널을 이용해 당신 스스로가 전문가라로 이야기한다고 해도 사람들이 전문가로 받아들일까? 어떤 학교를 나왔고 어떤 교육을 받았으며 어떤 결과를 가졌다고 이야기한다 해서 그들에게 신뢰를 구축할수 있을지 생각해 봐야 한다.

내가 제시하는 질문에 답을 하기 전에 먼저 이 글을 읽고 있는 당신이 충분히 생각해 보기를 바란다. 어떻게 하면 당신의 이름을 개인 브랜드로 만들 것인지 말이다. 그리고 온라인에서 당신이 만든 개인 브랜드를 어떻게 많은 이들과 신뢰관계를 구축하며 오프라인 세상으로 초대할지까지 연구해야 한다. 재미있는 것은 두뇌는 계속 생각하면 할수록 발달이 된다.

002

나만의 브랜드를 만드는 노하우

브랜드의 사전적 의미는 제품의 생산자 혹은 판매자가 제품이나 서비스를 경쟁자들의 것과 차별화하기 위해 사용하는 독특한 이름이나 상징물의 결합체이다. 그리고 현대로 들어서면서 브랜드는 단지 다른 제품과 구별뿐만 아니라 제품의 성격과 특징을 쉽게 전달하고 품질에 대한 신뢰를 끌어올려 판매에 영향을 주는 사회, 문화적 중요성을 가지는 상징체계가 되었다.

위의 설명이 유형의 제품에 국한될 설명이라면 여기에 무형의 사람의 이름을 넣어서 설명하면 된다. 나는 다른 사람과 구별 짓고 그 사람의 이름이 가지는 브랜드로 하여금 누군가에게 신뢰를 끌어올려 판매에 영향을 준다는 것이 개인 브랜드라고 이해한다. 즉 개인 브랜드란 세상에 나는 어떤 사람이고 어떤 일을 하며 어떤 존재인지에 대한 명확한 상징성과 같다고 정의하는 것이다.

여자들뿐만 아니라 남자들도 명품에 대한 욕구는 강하다. 로고 가방을 들기 위해 몇백만 원에서 몇천만 원도 투자하기를 거리낌 없이 한다. 명품은 광고를 하지 않아도 그 브랜드로써 사람들에게 구매를 이끌어낸다.

한때 내가 속한 네트워크 회사에서도 이름 자체가 브랜드가 되었던 전설과도 같은 리더들이 존재한다. 그들의 이름만으로도 사람들의 유입이 엄청나게 되었던 시절이 있었다. 그러다 보니 자신들의 이름을 브랜드로 체계화한 팀의 성장 속도는 말하지 않아도 짐작할 수 있을 것이다. 그걸 보고 성장한 나 역시 나만의 시스템을 구성하는 섯을 관심이 가며 내 이름을 브랜드화시키기 위해 노력하는 것은 어쩌면 당연한 것일 수도 있다. 그만큼 브랜드를 만드는 첫 번째 조건은 내 주변에 누가 있는가이다.

사람은 보지 않고서는 절대 알 수 없는 세상이 있다. 사람은 본 것을 꿈꾸고 들은 것을 꿈꾼다. 절대 보지 않고 듣지 않는 상태에서 사람이 앞으로 나아간다는 것은 극소수일 뿐이라고 생각한다. 나도 그러한 환경에서 1세대들이 자신의 이름으로 브랜드를 만드는 것을 보며 그 세상을 꿈꾸었기 때문에 지금의 내가 있는 것이다.

만약 당신이 당신의 이름을 내걸고 브랜드화 하기 위한 일을 시작한다면 해야 할 일 첫 번째는 정말 많은 개인 브랜드를 가진 사람들을 봐야 한다는 것이다. 보고 듣고 배우는 것이 가장 먼저 시작해야 하는 일이다. 처음부터 무에서 유를 창조한다는 욕심을 내려놓고 개인 브랜드에 성공한 사람들의 이야기를 끊임없이 들으며 그들에게서 당신이 할 수 있는 일들을 찾아내기를 바란다.

성공자들은 모든 것을 자세히 이야기하지 않는다. 그것은 당연하다. 자라온 환경이나 경험한 것들이 다른데 어떻게 다른 사람에게 100% 공감을 불러낼 수 있겠는가? 당신이 그들을 이해할 수 없다면 당신이 더 많은 시간을 투자해서 이해의 폭을 넓히기를 바랄 뿐이다.

가장 어리석은 일 중에 하나는 이해하지 못한 채로 그저 암기하는 일이다. 외운다고 내가 그 세상을 알고 소유하는 것 또한 아니라는 것을 오랜 네트워크 마케팅 사업과 온라인 세상을 만나며 알게 되었다. 이해가 빠진 암기는 오히려 더 나쁜 결과로 이어지는 것을 종종 경험했다.

예를 들어 당신이 10층짜리 건물을 짓는다고 생각해 보자. 건물을 짓는 방법을 암기해서 10층짜리 건물을 지었다고 하면 어떤 일이 발생할까? 아마 건물을 짓는데 있어서 가장 중요한 본질적인 것들이 다 빠진 상태로 지어졌기 때문에 건물에서 누수가 발생하거나 문제가 발생했을 때 보수, 수리를 할 수 있는 능력은 제로에 가까울 것이다. 그렇기에 성공자의 방법을 암기로 당신의 것으로 만들려고 하지 말고 그들을 이해하려고 노력하고 당신의 사고를 확장해서 그들과 공감하려고 해야 한다. 그것이 당신 이름이 개인 브랜드로써 가치를 가질 수 있게 되는 기본조건이 된다.

어느 철학자가 사람은 이해한 만큼 소유한다고 이야기했다. 그렇기에 죽기 살기로 자신의 영역을 확장하기 위해 배워 나가는 것이다. 다시 말해 이해한다는 것은 내가 이제 세상의 것들을 배울 준비가 되었다는 신호이기도 하다. 많은 사람들이 이야기하는 4차 산업혁명의 근간을 이루고 있는 것은 빅데이터이다. 어마어마한 정보들을 AI에게 입력할 수 있게 되면서 우리의 사회는 놀랍고 빠르게 성장 발전하고 있다. 그러나 아쉽게도 인간에게는 이렇게 많은 데이터를 저장할 수 있는 두뇌 능력이 없다. 대신에 인간은 새로운 것들을 경험하고 배우는 과정에서 정보에 대한 우선순위를 결정할 수 있고 정보를 확장할 수 있으며 새로운 차원에서 해석할 수 있다. 즉 개인 브랜드를 만드는 조건은 내 사고의 능력을 확장시켜야 한다는 뜻이다.

남들과 같은 사고를 한다는 것은 남들과 같은 영역에 있다는 말이다. 굳이 다른 사람들이 당신에게 올 이유는 없는 것이다. 당신은 이해의 영역을 넓혀 새로운 사고의 영역으로 넘어와야 한다. 누군가가 어떤 질문에 습관처럼 "YES!"라고 해도 당신은 그에게 "WHY?"라고 질문할 줄 알아야 한다는 것이다.

이 세상에 당연한 것은 없다. 모든 사물을 재해석하고 모든 사물에 대하여 다른 각도로 바라보며 자신만의 세계를 만들어야 누군가의 호기심을 불러일으킬 수 있다. 그 호기심으로 당신과 대화하기를 원해야 하고 그 호기심이 곧 당신의 세계로 들어오고자 하는 열망이 되어야 한다. 브랜드라는 것은 바로 그런 것이다. 오프라인보다 더 치열한 온라인 안에서 당신이 돋보일 수 있는 이유이기도 하다. 그렇기에 배우는 것에 과감히 투자하라.

당신과 조금이라도 다르다면 그에게 찾아가 배움을 요청하고 그 지식을 죽기 살기로 배워서 사용해라. 수백 권의 책을 읽는 것도 중요하지만 가장 중요한 것은 세상에서 자기의 영역을 만든 이들의 가르침이 더 소중하다는 것을 잊지 말아야 한다.

나 또한 수백 권의 책을 읽고 수만 시간의 경험을 했지만 결정적인 1%를 깨닫는 데는 스승의 도움이 컸다. 그들에게 배움의 시간을 투자하고 배움을 실천하는 과정에서 이제는 나만의 세계를 만든 것이다. 그렇기에 배우는 것에 돈을 아까워하지 말고, 진정 그곳에서 단 하나의 깨달음이라도 얻을 수 있다면 성공을 향해 뛰고 있는 것이다.

003

질문부터 바꾸어야 한다

나는 오늘도 집 근처의 카페에 앉아 노트북으로 일을 한다. 내게 이제는 월요병은 존재하지 않게 되었고 오히려 모든 선택권은 나에게 있게 되었다. 이런 삶을 살기 위해 온라인 시스템을 구축하는 데 많은 시간과 노력을 기울였다. 아무도 이해해 주지 못하는 그 시절 내가 내 스스로에게 한 질문이 있다. 그리고 이제는 그 질문을 내게 컨설팅을 받는 고객에게 주로 한다. 그 질문은 바로 "이게 정말 될까요?"라는 말이다.

내가 팀 패리스의 책을 읽고 '이게 정말 나에게도 가능한 세상일까?'라는 질문을 던졌다. 그리고 잠시 '될까, 안 될까'라는 질문에 대한 나의 무의식의 답은 무엇일지 생각해 보았다. 답은 정해져 있었다. 이미 '이게 정말 될까요?'라는 질문을 하는 것은 벌써 내 마음에서는 안 될 것이라는 부분에 무게중심을 두고 있는 것이다.

나는 초등학교 3학년 때 수학을 포기했다고 공공연히 농담 아닌 진담으로 이야기하지만 무게중심을 둔 쪽으로 저울이 기운다는 것을 알고 있다. 즉 다시 말해 내가 될까, 안될까를 생각한 순간 나의 무의식의 마인드 세계에서는 이 사람이 원하는 답을 주기 위해 일을 한다. 언제까지 당신은 새로운 세상 앞에서 될까 안될까?를 놓고 고민만 하고 있을 것인가? 내가 갖고 있는 재능 중에서 가장 최고의 미덕으로 꼽는 것은 '할까 말까?'라고 고민할 때 과감히 '하자!'라고 결정하는 결단력이다.

누구도 미래의 답을 알고 살 수는 없다. 그렇기 때문에 돌다리도 두들겨 보며 건너라는 것이다. 안전하게 가기 위하여 노력을 하는 것도 맞는 행동이지만 반대로 돌다리를 두드리다가 세월이 다 간다는 것도 맞는 이야기이다. 나는 항상 스스로 질문을 하는 것을 좋아하는데 할까, 말까를 고민할 때, 이게 될까 안될까라는 질문을 스스로 던지려 할 때 다시 그 질문을 내 의식에 물어본다. 그러면 과연 이걸 안하면 다른 대안은 있는가?라는 결론에 다다른다. 그러면 내 의식과 무의식은 열심히 일을 하며 다른 대안을 찾아 나서기 시작한다. 당연히 답은 새로운 대안이 없기에 과감히 앞으로 나아가는 것을 선택하게 된다. 물론 실패도 있었다. 그러나 어느 순간 깨달았다. 앞으로 나아가는 사람들에게는 실패라는 시간은 존재하지 않는다는 것을 말이다.

많은 사람들은 자신이 원하는 결과가 나오지 않으면 실패라고 이야기한다. 나 역시 오랜 시간 동안 구축한 네트워크를 내려놓고 그룹을 나오는 순간 10년의 시간을 낭비했다고 생각했다. 이럴 줄 알았으면 기존에 하던 대로 살 걸 하는 후회하는 순간도 있었다. 그렇게 6개월가량 우울함과 극도의 스트레스를 받아가며 서서히 다시 세상으로 나오면서 알았다. 나만의 영역을 만들어가기 위해서는 남들이 겪어보지 않는 경험들이 현재의 나에게 꼭 필요한 경험들이라는 것을 말이다. 하물며 관계에서 처절하게 무너지는 경험을 통해야만 관계에 대한 공부를 할 수 있다는 것도 배웠다.

만약 내가 네트워크 마케팅에서 실패를 경험해 보지 않고 성공만 경험했다면 나는 반쪽짜리 네트워커였을 것이다. 10년 동안 이룬 그 안에서 수없이 많은 작은 성공들의 경험과 큰 실패가 노마드 네트워커로 살아가기 위해서는 꼭 필요한 전제조건이었음을 깨달았다. 그것을 깨달은 지금 모든 일에 있어서 실패에 대한 두려움을 내려놓고 내가 할 수 있는 일에 대한 질문을 스스로에게 던지며 감정대로 판단하지 않으려고 노력한다. 그러다 보니 이제는 때를 기다리는 지혜도 배웠다. 예전에는 원하는 결과가 나오지 않으면 부정적인 감정으로 매사에 반응을 했다면 이제는 잠시 머리를 식힌다. 그리고 다시 질문을 던져본다. 어느 부분에서 잘못된 결과가 나온 것인지 되짚어 나가기 시작한다.

인생을 만드는 것은 순간의 선택과 판단이다. 당신이 원하는 인생이 있다면 스스로에게 지금 어떤 것을 선택하며 어떤 것에 집중을 하고 있는지 질문해 보길 바란다. 특히 온라인은 오프라인보다 더욱 더 선택과 집중을 요구한다.

온라인의 세상은 오프라인보다 더 빠르게 돌아간다. 당신이 완벽하다 생각하고 들어온 순간이 온라인에서는 벌써 지나간 이야기이고 유행일 수 있다는 것이다. 그렇기에 매 순간 스스로에게 집중을 통해 당신의 이야기를 많은 이들과 공감할 수 있는 스토리로 만들고 집중을 통해 당신의 스토리를 다른 사람들이 호기심을 가질 수 있도록 만들어 보라. 그 안에서 이루어지는 무수히 많은 실패와 좌절의 시간을 즐기는 것이다. 온라인 안에서는 실패도 좌절도 모두가 당신의 자리를 만들어 나가기 위한 필요충분조건이라는 것을 기억한다면 당신이 오늘 한 실수도 감사의 대상이 될 것이다. 그렇게 한 발씩 세상으로 나아가며 성장하고 있는 것이다.

004

네트워크 마케팅도 콘텐츠가 좋아야 한다

1990년 대 후반에 동유럽으로 단기연수를 갔었다. 그때 내가 자주 들었던 말은 “일본 사람이니? 중국 사람이니?”라는 질문이었다. 그만큼 대한민국은 외국 사람들에게는 낯선 작은 나라에 불과했다. 하지만 그로부터 20년이 조금 넘은 이 시점에 우리나라를 모르는 외국인은 없을 정도로 많은 발전을 이루었다. 그리고 OECD에 가입되고 명실상부한 선진국대열에 들어섰다. 대한민국은 1인당 국민 총소득이 3만 달러를 넘어서며 눈부신 경제 성장도 이룬 나라이다. 나라가 선진국이 되었다는 의미는 그 안에서 이루어지고 있는 경제적 기반도 과거와는 달라진 것이다.

예를 들어 우리나라는 과거 제조업을 기반으로 수입을 창출했다면 현재는 너무나 다양한 수입원을 두고 있다. 특히 지금의 대한민국은 선진국들의 창조경제라는 말이 어울릴 정도로 상상력과 창의력을 기반으로 하는 콘텐츠 사업이 엄청나게 성장했다. 또한 우리나라에서 성공한 콘텐츠는 외국에서도 큰 파급력을 가지며 부를 창출하는 수단이 되었다. 또한 지금 신흥 부자들은 콘텐츠를 기반으로 하는 유튜버나 온라인을 기반으로 자신의 콘텐츠를 가지고 있는 사람들이 대부분이다. 그들이 새로운 문화를 만들어 나가며 벌어들이는 수입원은 생각 이상으로 크다.

그에 비하여 네트워커들은 어떠한가? 시스템에서는 여전히 과거의 성공을 이야기하고 과거의 패턴을 파트너들에게 공유하는 것은 아닌지 조심스레 질문해 본다. 세상은 온라인으로 하나가 되어가고 있고 수단으로서 활용하고 있다면 네트워크 마케팅 사업에서 아직이 시장은 미개척지임은 분명하다. 일부 시스템에서는 온라인으로 네트워크 사업을 하고 있다고 생각하지만 내가 느끼기에는 아직은 미비한 수준이다.

전문적으로 온라인 마케팅을 접목한 네트워커보다 그냥 이렇게 하면 되더라 식의 네트워커 사업자가 더 많다는 생각이 들기 때문이다. 그 이유는 아직 네트워커들이 세상에서 실력 있는 사람에게 온라인 마케팅을 배우는 것이 아니라 그냥 시스템에서 비전문가들에 의해 온라인 마케팅을 배우기 때문일 것이다. 이 부분 역시 나 또한 시스템을 운영하는 사람으로서 상위 리더들이 충분히 이해도 된다.

세상에 눈을 뜨면 네트워크 마케팅의 약점과 한계성이 눈에 들어

오기 시작한다. 온라인은 무점포, 무재고, 무자본이 가능한 세계이다. 네트워크 마케팅이 가지고 있는 또 다른 많은 기회가 그 땅에 있다. 그렇기 때문에 처음에 내가 온라인 마케팅을 배우고 나만의 세상을 구현해 나가는 동안 네트워크 마케팅 사업에 대해 필요성을 느끼지 못한 것도 사실이다. 그리고 굳이 다시 해야 하나 싶은 생각도 있었다. 왜냐하면 다시 네트워크 마케팅을 한다는 것은 아무리 대단한 사람이라고 해도 다시 시스템, 스폰서, 파트너라는 관계에 갇혀야 되는 사업이기 때문이다. 또한 제품을 세일즈를 하든 정보 전달을 하든 또 다시 고객을 찾아나서야 된다는 고정관념이 있었다. 10년의 세뇌는 생각보다 무섭다는 것을 경험을 통해 느꼈다.

이 세상에 무수히 많은 고정 관념에서 나를 얼마나 자유롭게 풀어주느냐가 성공에 가장 중요한 밑거름이 된다. 그렇게 다시 네트워크 마케팅 사업을 해야 하나 고민할 그 즈음에 온라인의 마켓에서 고수익을 내던 친구가 온라인의 정책이 바뀌면서 수입이 반토막이 나는 것을 지켜보게 되었다. 그 또한 자신의 의지와 상관없이 환경에 의해 그동안 열심히 노력한 것이 사라질 수 있다는 것을 보면서 다시 오프라인의 기반을 두는 것이 얼마나 중요한지를 깨달았다. 또한 수입의 다채널을 가지는 것이 내 삶에 대한 리스크 관리라는 부분에 생각이 미치자 다시 네트워크 마케팅 사업을 들여다보았다.

다시 들여다본 네트워크 마케팅 사업은 제품을 콘텐츠와 시킬 수 있다면 나만의 경쟁력을 확보할 수 있는 지름길이라는 생각이 들었다. 왜냐하면 아직도 많은 네트워커들은 오프라인에서 제품을 유통시키고 소비자를 만들고 개별적으로 만나는 고전적인 방법으로 사업을 하고 있기 때문이다. 분명히 나처럼 생각하고 느끼며 꿈꾸는 네트워커들이 세상에는 존재할 것이라고 믿기 때문에 게으름 피우지 말고 빠르게 내 생각을 펼쳐야 한다는 생각이 들었다.

그 첫발이 바로 노마드 네트워커의 선점이다. 대부분의 사람들은 내가 운영하는 '한국네트워커협회(한네협)'의 콘텐츠를 만나면 고개를 흔들며 정말 대박이라고 이야기한다. 어떻게 해서 콘텐츠 하나로 온라인에서 수천만 원을 벌어들이는지 정말 신기하다며 정말 그런 세상이 있느냐고 놀라워한다. 나 또한 콘텐츠가 벌어들이는 수입을 경험해 본 사람으로서 콘텐츠가 가져다주는 놀라운 경험과 그 결과를 알고 있기 때문에 기회를 잡기 위해 고군분투했다.

생각 하나만 바꾸었을 뿐인데 그 생각이 가져다주는 파급력은 정말 컸다. 또한 네트워크 마케팅 제품이 아무리 좋아도 콘텐츠에 익숙해진 소비자들에게 정보의 홍수 속에서 제품을 홍보하고 상품의 매력을 알리기에는 구전 방법으로는 한계가 있었다. 그렇기 때문에 나는 네트워크 마케팅의 시스템에서 이야기하는 대로 전제품을 애용하는 부분을 강조하는 것이 아니라 네트워크 마케팅 회사의 주력 제품을 가지고 이 시대에 맞는 콘텐츠로 소비자들에게 다가가기 시작했다.

네트워크 마케팅 회사의 경쟁자는 네트워크 회사들이 아니라 홈

쇼핑이고 스마트폰의 쇼핑채널이며 길거리의 무수히 많은 매장들이다. 언제까지 네트워크 회사의 경쟁자가 네트워크 회사라 생각할 것인가? 소비자는 앞으로 나아가고 있는데 말이다. 이제 우리 네트워커들도 다양한 제품의 스토리를 만들어야 되며 소비자들에게 재미로 다가가야 한다.

제품의 성능이 좋기에 그 성능만 믿고 있기에는 세상에는 너무도 좋은 제품이 차고 넘치게 많아지고 있다. 나 또한 끊임없이 마케팅 공부를 하며 네트워크 회사의 제품 중 가장 주력할 품목을 선정하고 그 상품을 가지고 콘텐츠로 만들어서 소비자들에게 다가간다. 그렇다면 콘텐츠를 어떻게 만들 것인가? 내가 생각하는 콘텐츠는 어렵게 생각하면 한없이 어려운 것이고 반대로 쉽게 생각한다면 무척이나 쉬운 것이다. 말장난 같아 보이지만 사실이다. 너무 어렵게 고민하지 말고 당신이 제품을 통해 얻은 이득을 기반으로 한 번 생각해 보라.

전제품을 구전할 생각을 하지 말고 집중할 수 있는 한 가지 키워드를 정하는 것이다. 건강이면 건강, 다이어트면 다이어트, 피부면 피부를 정해서 그 키워드를 가지고 그 안에 당신 회사의 제품 목록을 만들어 본다.

예를 들면 사람들은 피부에는 무조건 화장품만 생각한다. 당신이 진짜 뷰티에 관심이 많은 네트워커라면 사람이 피부를 좋게 만들기 위해서는 좋은 화장품을 바르는 것도 중요하지만 사실은 비타민과 미네랄 그리고 단백질도 필요하다는 것을 알 것이다. 아쉽게도 많은 화장품 네트워커들이 화장품만 강조하는 모습을 본다. 그러나 만약 그들이 영양소 부분을 피부 건강으로 설명하며 소비자에게 다가선다면 소비자의 만족도가 올라오는 시간도 단축되고 소비자들이 구매할 수 있는 금액도 올라간다. 그렇게 되었을 때 소비자 이탈률도 방지할 수 있는 것이다. 또한 재구매율도 올라갈 수 있다. 이제는 남들과 같이 오래된 이야기를 하는 시대가 지났다. 콘텐츠로써 네트워크 마케팅 제품을 바라봐야 하는 시대에 살고 있는 것이다. 특히 온라인 시장에서는 더욱 더 콘텐츠로 접근하지 않으면 살아남을 수 없다. 네트워커들이 자신들의 제품을 콘텐츠로써 바라보는 습관을 들여야 새로운 시장에서 당신의 영역을 만들어 나갈 수 있다는 것을 잊지 말기를 바란다.

005

고객이 스스로 나를 찾아오게 만드는 노하우

온라인 마케팅은 오프라인 마케팅과는 접근 방법부터 다르다. 오프라인 마케팅은 수동적으로 니즈가 있는 소비자가 매장에 찾아오기만을 기다리는 곳이라면 온라인은 반대로 니즈가 있는 소비자들에게 나를 적극적으로 알려야 한다.

얼마 전에 개봉한 〈주먹왕 랄프2〉라는 애니메이션에서 가상의 온라인 세상을 보여주는 장면이 나온다. 한없이 복잡한 세상으로 스스로 광고하고 적극적으로 어필하지 않으면 온라인 안에서 당신의 가게는 그 누구도 찾아오지 않는다. 그렇기 때문에 온라인 세상에서 당신의 가게를 연다는 의미는 그냥 무엇인가 제품을 SNS에 올려놨다고 끝이 아닌 것이다. 그저 올려놓은 것으로 누군가의 구매나 후원으로 연결되기에는 확률상 희박하다는 것이다. 그럼에도 너무나 많은 네트워커들이 혹시나 하는 마음에 SNS에 사진을 올리고 결과가 나오지 않으면 쉽게 포기하는 것을 본다. 그런데 반대로 생각해 보면 소비자들에게 반응이 없는 이유는 혹시나 하는 마음에 올렸으니 반응이 없는 것은 당연한 일일 것이다.

SNS에서 반응이 없다며 불안해하는 사람들의 대부분은 자신의 네트워크 제품 콘텐츠에 대한 고민은 전혀 없이 사진이나 광고성 글만 너무 많이 게재한다. 또한 불명확한 타깃층도 문제이다. 그러다 보니 제품의 의미와 타깃층이 명확한 광고에 익숙한 소비자들의 이목을 끌 수 없는 것은 당연한 일이다. 게다가 실시간 검색이 되면서 더욱 소비자와 예비 사업자에게 선택을 받는 것이 쉽지 않은 일이 되었다. 게다가 미숙한 네트워커들이 무작위로 올리는 사진이나 무절제한 정보들은 효과를 반감시키기에 충분하다. 더군다나 네트워크 사업자가 자신만의 콘텐츠를 제작할 능력이 안되다 보니 회사에서 제시한 정보를 온라인에서 활용한다. 다시 말해 소비자는 꼭 당신의 SNS 계정이 아니어도 쉽게 만날 수 있는 정보들을 찾기 위해 굳이 당신의 계정에 갈 필요가 없다는 것이다.

하루에도 똑같은 사진을 주인만 다른 계정에서 여러 장 보는 상황들이 벌어진다. 재미있었던 것은 내가 한동안 네트워크 마케팅 사업의 휴식기를 가졌음에도 SNS를 통해 그 회사가 주최하는 모든 행사와 이벤트를 알 수 있었다. 같은 날 같은 시각에 그 회사의 모든 네트워커들이 일제히 같은 사진으로 자신의 계정에 도배를 하기 때문이다. 심지어 같은 장소에서 사람만 바뀔 뿐이지 포즈까지 똑같은 사진들을 볼 때면 같은 네트워커로서 어찌 해석해야 할지 난감하기도 하다.

사람들은 각자의 개성을 추구하며 살고 있는데 왜 네트워커들만 획일화되고 일관되게 살면서 자유를 이야기하는지 공감이 되지 않을 때가 많다. 이제부터 어떻게 해야 온라인의 복잡함 속에서 고객이 나를 찾아오게 만들 수 있을지를 고민해 보자. 온라인이 낯설고 익숙하지 않다고 해서 오프라인에 남아 있어야 되는 것은 아니다. 왜냐하면 오프라인에 남아 열심히 하면 할수록 당신은 자신에게 무엇이 문제인지를 찾기가 더욱 어려울 것이다. 오로지 목표를 향해서 앞뒤 가리지 않고 시간과 노력, 열정을 쏟아 부어도 당신이 하고 있는 오프라인 안에서는 분명 몸이 탈진될 수밖에 없다. 어쩌면 이미 당신도 그 답을 알고 있다. 우리는 스마트폰이라는 새로운 세상과 경쟁해야 한다. 그 안에서 네트워커들은 어떻게 해야 살아남을 수 있을까? 온라인 안에서는 당신이 생각하는 고객 즉 타깃이 명확해야 한다.

오프라인에서는 당신의 고객층이 넓으면 넓을수록 좋았다면 온라인에서의 고객층은 좁으면 좁을수록 더욱 좋다. 다시 말해 타깃층을 최대한 좁혀야 한다는 것이다. 온라인 안에서 그물망은 촘촘할수록 더욱 많은 물고기를 잡을 수 있다. 그렇기 때문에 먼저 당신의 고객층이 어떠한지에 대하여 혼자서 많은 시간을 가지며 고민을 해야 한다. 그리고 그렇게 고민해서 도출한 타깃들에 대한 니즈에 대한 조사가 필요하다.

당신이 좋아하는 것을 온라인 안에서 보여주는 것은 아무 의미가 없다. 당신이 좋아하는 것을 고객에게 보여주는 것이 아니라 고객이 좋아하고 고객들이 반응할 만한 내용들로 당신의 온라인 안에서 콘텐츠를 꾸려야 고객들은 당신에게 반응하게 될 것이다.

온라인 마케팅은 아주 디테일하게 생각해야 되고 고객의 입장에서 생각하는 습관을 가져야 한다. 다시 말하지만 당신이 좋다고 해서 그것을 고객도 좋아하리라는 보장이 없다. 처음 만든 콘텐츠를 가지고 계속해서 고객들의 반응을 보며 수정해 나가는 것이다.

온라인 안에서는 완벽주의자보다는 빠르게 수정하며 보완하는 것이 성공할 확률을 높이는 지름길이다. 여기서 가장 안타까운 것은 자기 위주로 SNS를 활용하는 경우이다. 자신이 속해 있는 그룹의 일상을 오픈하는 것도 좋은 방법이지만 오히려 일반 사람들과의 다른 문화 차이로 고객의 마음을 열지 못하는 경우도 많다.

예를 들어서 매년 드레스를 입고 파티를 하는 문화에 누군가는 반응할 수도 있지만 이제는 일상생활에서도 파티 문화는 꼭 네트워크 마케팅이 아니어도 다양하게 이루어지기 때문에 큰 장점이 되지 못한다. 그 사진이 누군가에게 감성적으로 다가오지 않을 수도 있다는 것을 생각한다면 과연 그 사진을 올리고 싶은 마음이 들까? 남들과 다른 네트워크 마케팅으로 보여지는 것도 후원 대상에게 다가설 수 있는 좋은 방법일 수도 있다.

당신이 누리는 화려한 삶을 보고 동경하며 들어오는 예비사업자도 있을 수 있지만 지금은 많은 사람들이 개인의 자유와 가치를 추구하는 시대이기도 하다. 회사나 시스템에서 제공하는 일방적인 정보를 수동적으로 받아들여 온라인에 게시하는 것보다 좀 더 적극적으로 자신만의 정보를 만들어 나가는 힘이 필요하다.

두 번째로 고객이 당신에게 찾아오게 만들기 위해서는 오프라인의 대면 영업력도 역시 필요하다. 온라인 또한 사람과 사람이 만나는 공간이다. 그러다 보니 온라인 안에서 당신을 여과 없이 보여주기 위해서는 관계 능력이 좋고 편안한 느낌을 주는 사업자가 되어야 한다. 왜냐하면 훨씬 좋은 만남을 이끌어낼 수 있기 때문이다.

온라인에서 소통할 수 있는 채널은 예전과 다르게 다양하다. 몇 년 전만 하더라도 글로써 누군가와 소통했다면 지금은 영상과 매체를 통해 다양하게 소통할 수 있다. 나를 자연스럽게 오픈하고 내 이야기를 말할 수 있는 사람에게 마음을 연다는 것이다.

온라인으로 소비자를 만난다고 할 때 대부분은 오프라인 만남 없이 그냥 온라인상으로 대화가 전부라고 생각하는 사람도 있다. 그러나 사실 온라인 사업에 가장 큰 장점은 온라인이 사람을 모으는 스킬의 공간이라면 정말 일이 이루어지고 발전이 되는 것은 오프라인으로 사람을 이끌어내는 능력인 것이다. 그리고 오프라인에서 직접 대면을 통해 내가 상대방의 니즈를 완전히 충족시켰을 때 그 순간이야말로 자신이 원하는 결과를 만들 수 있는 것이다.

이 과정이 원활하게 이루어지지 않는다면 온라인의 스킬만으로는 노마드 네트워커가 될 수 없다. 온라인만으로 결과를 낼 수 있다고 광고하며 사업을 했던 네트워커들이 나를 찾아와 이야기하는 것들 중에 하나는 생각보다 온라인만으로 결과가 나오지 않는다는 것이다.

온라인으로만 대화하는 것은 분명 한계가 있다. 신뢰가 없고 연결고리가 없는 온라인 상태를 오프라인의 만남으로까지 연결시키기 위해서는 최소 두 번의 만남을 거쳐야 신뢰를 쌓으며 동시에 비전까지 제시할 수 있게 된다. 진짜 노마드 네트워커로 성공하고 싶다면 온라인의 능력뿐만 아니라 오프라인 영업력까지 갖추어야 하는 셈이다. 이제 자신만의 시스템 운영은 필수 중의 필수이다.

006

당신의 고정관념부터 깨야 한다

세상이 복잡해지고 디테일해질수록 돈을 버는 일은 더욱 쉽지 않아지는 것이 현실이다. 벌써 내 이야기를 들으며 '그래, 온라인 영업도 쉬운 게 아니었어'라며 포기하려는 마음이 들 수도 있을 것이다. 다시 한 번 이야기하자면 온라인은 선택이 아니라 필수이다. 단순히 감정적으로 어렵다고만 단정 짓지 말고 아직 익숙하지 않아 낯설다고 생각하기를 바란다. 그래야 당신의 세계가 확장이 되고 그 세계가 확장이 되어야 당신으로부터 많은 이들이 제대로 된 기회를 얻을 수 있기 때문이다.

나 또한 온라인 안에서 나만의 시장을 확보하고 나만의 콘텐츠로 시스템을 구축했음에도 불구하고 다시 노마드 네트워커로 사는 이유는 더 많은 돈을 벌기 위해서가 아니라 내가 가진 노하우와 다양한 온라인에서의 경험을 많은 네트워커들에게 나누어 주고 싶기 때문이다. 바로 이것이 기회이고 이 기회를 잡아야 돈도 버는 것이다. 자, 그렇다면 온라인에서 좁힌 당신의 타깃들을 대상으로 어떻게 오프라인으로 이끌어낼 것인지 고민해 보자.

이 책을 잠깐 내려놓고 당신에 대해 한번 생각해 보는 시간을 갖자. 빈 종이를 들고 자기 자신에 대한 정의를 내려 보고 당신이 어떤 사람인지에 대하여 적어 보는 것이다. 많은 사람들이 갖고 있는 고정관념 중에 하나는 돈을 벌기 위해서는 타인에 대한 니즈를 알아야 한다고 이야기한다. 물론 맞는 이야기이다. 그러나 당신이 놓치고 있는 것이 하나 있다. 바로 당신 또한 소비자라는 사실이다. 당신이 누군가에게 서비스나 제화를 공급하는 공급자라는 고정관념을 깨고 당신도 소비자의 입장에 서 있을 때를 생각하면 당신이 계획한 콘텐츠 안에서 좀 더 명확한 시장 조사가 가능하다. 그 이유는 타인의 감정과 경험을 100% 공감하고 공유할 수 없기 때문이다.

시장에서 무엇인가 받아들이는 경쟁력 있고 소통이 되는 힘을 가진 콘텐츠는 대부분 공급자들의 불편함에서 나오는 것들이 대부분이다. 나를 예로 들면 네트워크 사업을 하는 기간 내내 나만 이렇게 사업이 잘되지 않는 건가?라는 생각을 했다. 내 방법이 맞는지 틀리는지 스폰서나 시스템을 통해 듣는 것이 아니라 더 객관적인 이야기를 해줄 수 있는 외부 그룹 컨설팅이 있었으면 좋겠다는 생각을 계속 했었다.

내가 네트워크 사업을 하면 할수록 그리고 네트워크 사업에서 결과를 내면 낼수록 이 생각은 더욱 명확해졌다. 정확하게 내 사업을 분석해줄 수 있는 경험을 가진 사람을 만나고 싶었고, 시스템 안에서 스폰서와의 의견이 맞지 않을 때 일어나는 일들을 좀 더 현명하게 처리하고 싶었다. 그래서 그 어떤 이해관계에 놓여 있지 않는 누군가의 조언이 듣고 싶었던 것이다.

물론 그 길을 먼저 간 스폰서나 시스템의 많은 리더들의 방향 제시와 조언도 도움이 된다. 하지만 네트워크라는 세계를 이해하면서 실질적인 성장의 방법도 같이 조언해 줄 수 있는 네트워크 마케팅 커뮤니케이션의 공간이 있다면 너무 좋겠다는 생각이 컸다. 그래서 인터넷의 공간을 찾아보기 시작한 것이다.

스폰서와 시스템에서 별개로 배울 수 있고 나만의 경쟁력을 키울 수 있는 곳을 찾았지만 아쉽게도 그런 공간은 없었다. 혹 그런 곳이 있을까 하고 찾아가 봐도 나보다 경험이 없고, 네트워크 마케팅 컨설팅을 한다고 하면서 네트워크 사업의 현장 감각이 떨어지는 사람들이 많았다.

어느 곳도 나를 만족시켜줄 만한 공간이 없었기 때문에 내가 나서서 만든 공간이 바로 〈한국네트워커협회(한네협)〉이다. 〈한네협〉은 정말 빠르게 성장한 커뮤니티이다. 이 일이 가능한 이유는 우선 철저하게 소비자의 입장에서 만들었기 때문에 가능한 일이었다. 또한 많은 네트워커들에게 낯설지만 공감이 되는 곳이기도 했다. 지금도 〈한네협〉의 많은 글들을 읽어본 다양한 회사의 네트워커들은 나에게 자신들의 고정관념을 깨고 네트워크 마케팅에 대한 인식을 달리 했다는 이야기를 가장 많이 한다.

나 역시 다양한 회사의 네트워커들과 이야기를 나누며 다양한 세계를 접하게 되면서 그에 맞는 방법들을 하나씩 배워나가고 있다. 네트워크 마케팅을 가지고 할 수 있는 플랫폼 사업의 기반을 다질 수 있는 곳이 바로 〈한네협〉인 것이다.

나부터 오랜 세월 가진 고정관념들을 깨기 위해 노력하지 않았다면 여전히 우물 안 개구리로 세상이 어떻게 변화하고 있는지조차 깨닫지 못하며 살았을 것이다. 또한 그 자리에 갇혀서 무엇이 문제인지도 모르며 성장의 기회도 갖지 못했을 것이다. 맹목적인 고정관념이 얼마나 무서운지를 다시 한 번 깨달으며 자신이 스스로 만들어 놓거나 주변에서 세뇌당한 사고로 인하여 얼마나 많은 돈 버는 기회를 놓치고 있는지 깨닫기를 바란다. 돈을 당신의 생각보다 더 쉽고 효율적으로 벌수 있음에도 그 기회를 놓쳐 버리는 것이다.

나의 또 다른 고정관념은 돈 버는 것은 어렵다고 생각하는 것이었다. 대부분의 사람들이 돈을 벌기 위해 힘들게 육체적 노동을 하며 누군가의 공간에 갇혀 일을 한다. 사실 내가 돈에 대한 잘못된 고정관념을 없애고 나니 이제는 돈을 어떻게 벌 수 있을지 그 방법과 요령까지 익히게 되었다. 그만큼 경제적인 부분에서 자유로워지니 시간적인 효율성도 극대화되었다. 나의 경험을 예로 많은 부분에서 자신의 고정관념을 점검할 필요가 있다. 특히 온라인으로 사업을 진행하는 것은 더 유연한 사고를 요구하게 된다. 그만큼 자신의 사고가 얼마나 새로운 것을 받아들일 준비가 되어 있는지 알아야 하고 즉각 반응하지 못하고 있다면 어떻게 하면 자신이 발전할 수 있을지 많은 노력을 기울여야 한다.

대부분의 사람은 모든 것을 새롭게 받아들이고 새롭게 만들어 나갈 수 있는 힘이 있다. 그럼에도 불구하고 많은 사람들이 망설이며 주저하는 이유는 그 사실을 받아들이기보다는 기존의 사고방식에 얽매여 있기 때문이다. 결국 자신의 발목을 잡는 사람은 시스템이나 스폰서도 아니고 또 부정적으로 말하는 가족들도 아니다. 바로 자기 자신이다. 이 사실을 인정한다면 당신은 온라인이라는 또 다른 세계에서 충분히 결과를 만들 수 있고 누구보다도 찬란하게 성공할 수 있을 것이다.

여기서 또 한 가지 주의할 점은 자신에 대한 부정확한 판단이다. 많은 네트워커들을 컨설팅 하다 보니 오픈마인드에 대한 이야기를 종종 나눈다. 자신들은 오픈마인드이기 때문에 많은 부분의 이야기들을 수용할 수 있다고 이야기한다. 하지만 내가 느끼는 그들은 상당히 폐쇄적이고 올바른 결정에 미숙하다는 생각이 들었다. 어떻게 보면 오프마인드라는 단어 자체를 모르는 것은 아닐까?라는 생각마저 들었다.

그들이 말하는 오픈마인드라는 것은 열린 사고를 이야기한다고 하지만 안타깝게도 열린 사고를 하는 사람은 극소수였다. 자신들의 사고와 경험 안에서만 해석되는 열린 사고는 좋은 결과를 이끌어낼 수 가 없다. 오히려 자기 자신이 열린 사고라고 생각하는 나머지 자신을 과도하게 긍정적으로 포장하여 객관성을 잃어버릴 때가 많다. 때문에 자신을 객관적으로 생각하는 것은 매우 중요한 일이라고 생각한다.

007

온라인에서 커뮤니케이션 능력을 키우는 노하우

온라인 마케팅을 누가 가장 선호하는지에 대하여 생각해 보았다. 그러자 오프라인에서 사람을 만나는 것을 불편해 하는 사람이 온라인을 선호하는 경향이 있다는 것을 알았다. 많은 사람들은 온라인은 대면 영업을 하지 않고 오로지 온라인으로만 자신의 이야기가 전달될 수 있다고 착각한다.

온라인은 서로 상대방의 얼굴만 보지 못했을 뿐 소통의 장이 되어야 한다. 그런데 아이러니한 것은 대면 영업력이 떨어지는 사람이 온라인이라고 갑자기 소통 능력이 좋아지는 것은 아니다. 다시 한 번 말하지만 온라인이 오프라인보다 더 인간적이고 더 열린 사고여야 하며 오프라인보다 더욱 자신을 보여줘야 하는 적극적인 자세가 필요하다. 자세의 성실함 또한 기본적으로 몸에 배여 있어야 한다.

온라인 마케팅 안에서는 크게 두 부류도 분류해서 소통할 수 있는데 내부소통과 외부소통이다. '내부소통'이란 온라인 커뮤니티를 세팅하고 같이 일하는 직원들과의 소통을 이야기한다. 반대로 '외부소통'은 온라인 커뮤니티를 사용하는 외부 사용자들과의 소통이다. 먼저 내부소통에 대해 이야기해 보자.

대부분의 사람들은 온라인 커뮤니티를 구축하는 데 혼자서 일하면 된다고 생각한다. 물론 처음에는 자본이 없기 때문에 혼자서 북 치고 장구 치고 다해야 하는 것은 맞다. 그러나 사람마다 자신이 갖고 있는 재능이 다르듯이 모든 것을 혼자 배워서 처리하기에는 많은 시간이 필요하다. 일부 몇 사람들은 돈을 아끼겠다고 유튜브나 책을 통해 마케팅을 배워서 일을 한다. 그러나 생각보다 수익화하는 데 시간이 오래 걸려서 도중에 포기하게 된다. 왜일까? 자신이 모든 것을 다 할 수도 없고 전문성이 빠져 있다 보니 그 분야를 이해하는 것만으로도 너무 오랜 시간이 드는 것이다. 오랜 시간이 걸려서 만들어도 결국은 디테일이 떨어지게 되고 어렵게 만든 콘텐츠에 대하여 소비자들이 외면하게 된다. 아무리 내가 배워도 미적 감각이 없는 경우에는 전문가에게 일정 부분을 의뢰하는 것이 빠를 것이다.

나 또한 카페 타이틀이나 대문, 일부 영상들은 다 아웃소싱으로 선택했다. 요즘은 재능마켓, 크몽 등 다양한 전문가들에게 작업 의뢰를 할 수 있기 때문에 굳이 내가 붙잡고 있어서 시간을 손해 볼 필요는 없다. 얼마나 아웃소싱을 잘하느냐가 온라인의 성장을 결정하는 요소가 되기도 한다.

내부 소통도 무척 중요하다. 그 누구보다도 내가 정확하게 원하는 것을 그 분야의 전문가에게 말과 글로 표현할 수 있어야 비로소 머릿속에서 구상만 된 것이 구체적으로 현실화 될 수 있게 된다. 내부 소통하는 대표적인 사람들로는 웹디자이너, 라이터writer, ASP 담당자Affiliate Service Provider, 배너 광고회사, 발송 서비스 업체, 동영상 촬영 업체 등이 있으므로 당신이 생각하는 것보다 더 많은 사람들과 소통해야 한다.

나 또한 온라인의 세상은 혼자 하는 영역이라고 생각하여 생각보다 많은 사람들과 소통을 해야 되는 상황에 조금 당황하기도 했다. 특히 아웃소싱은 내가 얼마나 구체적이고 디테일하게 설명하고 묘사하느냐에 따라 내가 원하는 그림이 나올 수 있기 때문에 더욱 소통에 많은 신경을 쓴다. 내가 처음 한 실수는 온라인에서 웹디자이너를 고용해서 이메일로 소통하다 보니 원하는 결과를 얻지 못하고 결국은 돈만 쓴 경우가 있었다. 결국 그 디자인은 빛을 보지도 못하고 폐기 처분되었고 다시 의뢰를 해야만 했다. 그 다음부터는 온라인에서의 의뢰도 이메일로만 주고받는 실수를 하지 않고 꼭 오프라인 미팅을 전제로 사업을 진행한다.

웹디자이너와 충분한 대화를 통해 내가 원하는 것을 이해시키고 웹디자이너 또한 나와의 대화에서 나의 성향을 파악하게 되면 일의 완성도가 달라진다. 만약 여러 수고를 기울였는데도 불구하고 자신이 원하는 그림이 나오지 않는다면 주변에서 성공한 온라인 마케팅 선배들을 찾아가 다시 피드백을 받고 수정해 나가면 된다. 이 안에서 얼마나 많은 소통이 일어나는지 상상만 해도 알 수 있을 것이다.

1차적으로 내부 소통이 얼마나 원활한지 여부에 따라서 다양한 결과물이 나온다는 것을 기억하길 바란다. 나는 대부분의 주요 업무를 처리하지만 카페 관리부터 컨설팅에 관한 부분은 메인 코치를 두고 있다. 물론 혼자서 할 수 있는 사람들도 있지만 내가 경험한 바로는 대표가 어떻게 시간을 배분하느냐와 얼마나 적재적소에 사람을 등용할 줄 아는지가 온라인에서 좋은 결과를 이끌어내는 지름길이 된다. 또한 온라인에서도 여전히 인맥은 존재한다. 오프라인보다 정보가 더 중요한 곳이 온라인 시장이기 때문에 나에게 좋은 정보를 줄 수 있고 다양한 경험을 한 선배들을 포진하느냐에 따라 운영하는 온라인 커뮤니티의 질이 달라진다.

내가 운영하는 〈한네협〉의 경쟁자들도 무수히 많다. 그래서 나도 더 신경 쓰는 부분은 경쟁자들이 따라올 수 없는 콘텐츠를 개발하는 일이다. 그래서 그만큼의 시간과 노력을 들이고 있다. 콘텐츠는 결국 내가 어떻게 살아왔으며 어떤 가치의 원천에서 이 결과물을 뽑아낸 것인지 보여주는 것이다. 또한 외부 소통의 핵심은 사람 한 명이 경쟁 상대이고 자신의 수입원으로 바라보는 것이 아니라 같이 잘되어야 하는 동업자의 개념으로 바라보는 것이 중요하다.

나는 외부소통의 기본 개념을 사업을 함께 하는 동업자이며 때로는 친구의 개념으로 고객을 바라보기도 한다. 그러니 이들이 얼마나 소중한 존재들일지 말하지 않아도 느껴질 것이다.

네트워크 마케팅에서 가장 많은 이야기를 하는 것이 '윈윈' 전략이다. 이 개념으로 이해한다면 온라인 시장에서도 분명히 좋은 결과가 있을 것이다.

나는 내가 운영하는 온라인 커뮤니티에 들어온 사람들에게 어떠한 정보를 줄 것이며 그들의 마음을 공감할지에 대해 많이 고민한다. 사람들은 자신 이외에 다른 사람에게 관심이 없다는 것을 이제는 많은 사람들도 인지한다. 다시 말해 당신 또한 외부 소통을 원활하게 하기 위해서는 자신의 수익 창출에 대한 포커스보다는 다른 사람에 대한 이익 증진의 방법을 사이트 곳곳에 배치시켜야 하는 것이다. 그래야 누군가가 당신의 온라인 사이트를 방문했을 때 또 오고 싶은 공간이 될 것이다.

008

온라인에서 온리원으로 살아남기

어느새 우리는 경쟁에 익숙해져 있다. 많은 이들은 베스트 즉 넘버원이 되기를 바란다. 하지만 일등이 되기 위해서는 얼마나 외롭고 힘든 일인가? 경험해본 사람은 그 일의 어려움을 알고 있을 것이다. 일등의 자리를 지키기 위해 밤낮으로 일해야 하고 경쟁자들의 심리를 이해하기 위하여 매순간 초초할 것이다.

내가 예전 그룹의 네트워크 사업체에서 탈퇴를 결정한 것은 더 이상의 경쟁관계는 하고 싶지 않아서였다. 그렇기 때문에 나는 베스트를 꿈꾸는 것이 아니라 경쟁 상대가 없는 온리원only one을 목표로 많은 이들과 소통하고 있다.

온라인의 세상 또한 무점포, 무재고, 무자본이 가능한 세상이다. 그렇다 보니 하루아침에 경쟁 업체들이 내 수업과 콘텐츠를 따라하는 일이 우후죽순 생겨난다. 나는 그 안에서 베스트를 외치기에는 힘든 부분도 있었고 정신적으로도 스트레스가 쌓였다. 오프라인 네트워크 마케팅의 한계를 피해 온라인으로 왔지만 막상 이곳에서도 생각하지 못한 변수들은 여전히 존재하는 것이다. 그것은 어쩌면 당연한 일이다. 온라인 네트워크 마케팅도 사업이기 때문이다. 그래서 어떻게 하면 경쟁자들과 겨루지 않고 나만의 독창적인 콘텐츠와 서비스를 제공할 수 있을지 고민하게 되었다.

많은 온라인 영업에서 성공한 선배들이 나에게 권유하는 것 중에 하나는 마케팅을 아웃소싱하라는 이야기였다. 나 또한 역시 마케팅 부분에 대해서 아웃소싱을 주기 위해 여기저기 견적도 받아보고 다양하게 소개도 받았다. 그런데 알아보면 볼수록 마케팅은 역시 대표가 붙잡고 있어야 한다는 결론에 도달했다. 한 예로 외부 강연 마케팅 수업을 듣고 그 수업을 진행한 마케터의 마인드나 실력이 마음에 들어 계약을 체결했다. 그런데 그의 성실함이나 일의 실력은 막상 같이 일을 시작해 보니 전혀 생각하지 못한 부분들에서 문제점이 드러나기 시작했다.

그는 내 분야에서 일을 나만큼 전문적으로 알지 못했다. 그렇기 때문에 네트워크 마케팅이라는 특수성에 대하여 이해를 하지 못하고 유형의 상품을 마케팅하듯이 마케팅 안을 가지고 오니 마음에 들지 않았다. 또한 비용도 결과에 비해 너무 터무니없게 요구를 하였고 심지어 내가 요청하는 부분을 제대로 반영조차 해주지 않는 경우도 많았다.

나의 전달 과정에 문제가 있을 수도 있지만 그 일을 통해 다시 한 번 배운 것은 내 사업에 대한 고민은 나만큼 해줄 사람이 없다는 것이었다. 그래서 내가 온리원이 되기 위해서는 마케팅을 꾸준히 공부하는 방법밖에 없다는 것을 알았다. 돈을 주고 사람을 고용하는 것은 쉽다. 그러나 그 쉬움이 내 사업체의 성장 속도를 더디게 할 수도 있다는 것을 알았다. 왜냐하면 다양한 사업의 콘텐츠가 있듯이 내 사업체에 맞는 마케팅 또한 무척 다양하기 때문이다. 정답은 결코 정해져 있지 않다. 내 타깃층을 세밀하게 정하고 그에 맞는 마케팅 방법을 대표 스스로 얼마나 고민했느냐에 따라 정말 온라인에서 결과는 어마어마하게 돌아온다. 또한 그래야 넘버원이 아닌 온리원이 될 수 있다.

두 번째로 온리원이 되기 위해서는 나만의 콘텐츠가 명확해야 한다. 온라인뿐만이 아니라 사업을 한다는 것은 결국 콘텐츠로 시작해서 콘텐츠로 끝난다고 해도 과언이 아니다. 아마 내 말을 헷갈려 하는 사람도 있을 것이다. 내가 네트워크 마케팅에 관련된 이야기를 하는 것인지 아니면 온라인 사업에 대해서 이야기 하는지 말이다. 다시 한 번 이야기하지만 나는 나의 철저한 경험에서 나온 온라인 네트워크 마케팅 사업에 대하여 이야기를 하고 있는 것이다.

종이에 자신이 포함되고 있거나 주변 사람들이 알고 있는 네트워커 회사에 대해서 적어 보아라. 그리고 얼마나 많은 네트워커가 존재하는지 알아보는 것이다. 그리고 얼마나 세상에 많은 제품이 넘쳐 나는지를 적어 본다면 더 이상 네트워커들도 그냥 누군가가 시켜서 따라하거나 남의 것만 흉내 내서는 살아남을 수 없다는 것을 알게 될 것이다.

이제는 인터넷 검색만으로 네트워크 제품을 손쉽게 구할 수 있는 세상에 살고 있다. 몇 초면 가격 비교가 끝나는 온라인 세상에서의 성공은 콘텐츠가 필수인 것이다. 나만의 콘텐츠는 어떻게 만들까?

나를 예로 들자면 내가 운영하는 〈한네협〉은 철저히 나의 불편함을 해소하기 위해 만들어졌다. 나 또한 10년 네트워크 마케팅 사업을 하는 동안 고립되어 있었고 어떻게 해야 하는지 방법에 대한 고민도 많았으며 아무리 노력해도 안 되는 세월을 겪었다. 그러다 보니 외부에서 누군가와 소통하고 싶었고 다른 사람들은 어떻게 하고 있는지도 궁금해졌다. 그러나 그렇다고 바로 미팅장에서 만나는 형제 파트너와 모든 이야기를 나눌 수도 없었고, 파트너와는 더욱 이야기하지 못하는 부분이 많아졌었다. 그래서 인터넷을 뒤져가며 자신의 노하우를 오픈하고 있는 곳을 찾아보았지만 그 어디서도 찾을 수 없었다. 그 즈음 내가 속해 있던 그룹에서 탈퇴하고 나오는 과정에서 감정의 허탈함은 극대화되었고 더욱 그 공간이 절실하게 필요했다. 그렇게 만들어진 공간이 〈한네협〉인 것이다.

다행히 지금은 이 공간이 많은 네트워커들에게 위로와 힘이 되어 주는 공간으로 자리매김했다. 네트워크 마케팅 회사를 초월해서 각자의 경험을 공유하며 자신들이 겪은 일들에 대하여 상처를 치유하고 있다. 또한 네트워크 마케팅에 대한 방법을 공유하는 것만으로도 정말 멋진 일이 되었다. 나는 그렇게 내 불편함에서 시작한 일이 결국 나만의 콘텐츠가 되었고 또한 컨설팅을 통해 네트워크 사업자들에게 여러 방법의 수입 채널을 이야기하며 그들의 성공을 돕고 있다. 지금은 누구나 마음만 먹으면 얼마든지 돈을 창출하고 만들어낼 수 있는 역사상 가장 풍요로운 시대를 살아가고 있는 것이다.

내가 수입을 창출함에 있어서 만약 네트워크 마케팅 하나에서만 월 천만 원 이상의 수입을 내야 한다면 최소 2년의 시간은 더 필요할 것이다. 그런데 나의 경험으로 다양한 수입의 채널을 만드는 방법을 배운다면 단 석 달 만에 월 천만 원 이상의 수입은 만들어진다. 그것이 가능한 시대가 지금 온라인이라는 세상이다. 정말 놀라운 일이다. 아직도 당신은 오프라인이라는 그 제한된 공간에서 머물고 있는가? 지금이 온라인의 바다로 항해를 시작할 때다.

5

진짜
네트워크 마케팅으로
살아남기

001

온라인 마케팅이 전부는 아니다

온라인 마케팅을 배우라고 이야기하면서 또 온라인 마케팅이 전부가 아니라고 이야기하니 무슨 이야기인 줄 모르겠는가? 내가 두 달 동안 온라인 가상 점포를 빠르게 구축하면서 내세운 것은 온라인 마케팅 기술이 전부였다. 그러나 나의 지난 10년 동안의 네트워크 마케팅의 경험이 아니었다면 이렇게까지 빠르게 온라인에서 자리를 잡지 못했을 것이다. 단순히 온라인만 알아서 수입을 만들기에는 그 생명이 생각보다 짧다.

나는 온라인은 사람을 모으는 기술이고 그 모은 사람을 오프라인으로 이끌어 내거나 수익화시키는 능력은 오프라인의 다양한 경험에서 나온다는 것을 알았다. 다시 말해 대면 영업 능력이 노마드 네트워커가 되기 위한 절대 조건이 된다는 이야기다. 놀랍지 않은가? 온라인을 찬양하는 시대에 살면서 다시 오프라인 대면 영업으로 돌아오는 것이 말이다.

많은 사람들이 온라인 마케팅에서 착각하는 것이 있다. 온종일 노트북만 들여다보면서 내가 일하는 대상이 기계라고 착각하는 것이다. 하지만 사실은 여전히 사람과 사람의 관계를 맺고 있는 일이다. 온라인의 사람들이 나의 글을 읽고 나와 대화하길 원하며 나와 같은 생각으로 모이게 되는 것이 결국 사람인 것이다. 그렇기 때문에 사람에 대한 기본적인 애정이 없다면 많은 돈을 버는 것은 한계가 있기 마련이다.

온라인 시장은 빠르게 변화하고 변덕스러우며 많은 불확실성을 가지고 있다. 그곳은 가상의 공간이기 때문에 당연한 일이다. 그렇기 때문에 더욱 더 온라인 시장에서는 인간적일수록 사람 냄새가 더 나는 사람에게 사람들이 모이게 되어 있다. 알면 알수록 온라인의 공간은 재미있는 공간이다.

내가 경험한 온라인은 차갑고 냉정한 곳이 아니라 오히려 더 따듯하고 재미있고 사람 냄새가 나는 곳이다. 이 부분은 온라인에서 사업을 잘 진행하는 사람일수록 공통적으로 이야기하는 부분이다. 그래서 내가 컨설팅을 받는 분들에게 오프라인 마케팅, 즉 대면 영업에 대해 컨설팅을 따로 하는 이유이기도 하다.

더 재미있는 것은 온라인 안에서의 글을 통해 그 글을 읽는 사람들은 글쓴이의 사람됨이 느껴진다 이야기한다. 온라인에서 소통하는 대부분은 영상도 있지만 글을 기반으로 하는 산업이다. 글에는 그 사람의 많은 것들이 담겨 드러난다. 자주 사용하는 언어가 글자로 표현이 되는 것이고 어떻게 사고하는지도 글자로 표현이 되는 것이다. 그러니 가끔은 나도 글을 작성하는 것이 부담스럽고 조심스러울 때가 있다. 그만큼 자신을 드러내는 공간이기에 더욱 솔직하려고 노력하는 곳이기도 하다.

온라인에서 실명과 얼굴을 공개하는 이유는 그만큼 신뢰를 구축하기 위한 최소한의 매너이기도 하다. 많은 분들이 얼굴을 공개하는 것을 어려워하고 불편해하는 것 역시 공감이 된다. 그러나 온라인 세상에서 신뢰가 얼마나 중요한 원천인지를 이해한다면 그 부분 또한 받아들일 수 있을 것이다.

온라인에서 모든 거래가 끝나는 단순 제품 판매 같은 경우는 상관이 없다. 신뢰는 제품으로 얼마든지 대체가 될 수 있기 때문이다. 그러나 무형의 상품들인 컨설팅이나 네트워크 사업자를 온라인으로 모집할 때는 그들을 오프라인으로 이끌어내어 나를 만나게 해야 한다. 그때 입장을 바꾸어 생각해 보자. 온라인 뒤에 철저히 감추어진 사람을 선택할 것인가? 아니면 얼굴과 실명까지 공개하고 자신의 스토리를 진실하게 말하는 사람을 만나고 싶은가? 답은 우리 모두 알고 있다. 이 사실을 알았다면 너무 자신을 온라인 안에서 드러내는 것을 주저하지 마라.

나 또한 처음에는 어색했으나 지금은 자연스럽다. 왜냐하면 생각보다 내 업종에 관련된 사람들이 나에 대해 관심이 있는 것이지 세상의 모든 사람들이 나를 알고 싶어 하는 것이 아니기 때문에 생활하는데 불편함은 전혀 없다. 또한 네트워크 마케팅 안에서 온라인 마케팅을 할 때 주의할 점은 커뮤니케이션 능력을 계속 키워나가야 한다. 사업이 확장되면 될수록 온라인의 포지션은 20% 정도이고 결국은 결과를 맺는 것은 오프라인의 능력이기 때문이다. 사람들과 얼마나 소통을 잘하고 클로징 능력이 있는가가 중요하다.

내게 컨설팅 받으러 오는 분 중 이런 경우가 있었다. 온라인 마케팅을 통해 100명이 넘는 파트너를 단시간에 모집을 한 것이었다. 그럼에도 그 다음에 오프라인에서 그들과 어떻게 소통하며 미팅을 진행해 나갈지에 대한 답이 없었다.

이런 사례는 이 분뿐만이 아니다. 온라인에서 리크루팅을 하는 데는 성공해서 오프라인에서 대면했을 때 바로 여기서 결과로 이어져야 수입이 형성된다. 그런데 대부분 온라인에서 배운 대로 진행을 해서 예비 사업자가 연락이 오기는 하지만 멘트나 클로징에서 마무리가 되지 않다 보니 결과가 좋지 않은 것이다. 그렇다 보니 빛 좋은 개살구가 생각보다 많다. 정리해서 말한다면 그 이유는 결국 온라인 마케팅도 사람과 사람이 만나서 하는 일이다. 그렇기 때문에 근원적으로 사람에 대한 애정을 가지고 사람에 대해 끊임없이 공부를 하는 것을 기본적으로 해야 한다.

002

온라인과 오프라인은 연결되어 있다

최근에 컨설팅을 하면서 재미있는 사례를 들었다. 국내에서 런칭한 지 얼마 안된 신생 네트워크 마케팅 회사에서는 온라인 팀, 오프라인 팀으로 나누어 운영을 한다는 것이다. 그 네트워크 마케팅 회사에 요청해서 사업을 하고 싶다는 이야기를 하면 "어느 쪽 팀으로 연결을 해 드릴까요?"라고 질문을 한다는 것이다. 그러면서 온라인 팀의 장점은 지인 영업을 하지 않아도 되니 좋다는 것이다. 그러나 반대로 오프라인 팀에서는 온라인 팀이 결속력이 약하다는 것을 지적한다.

내가 듣기에는 사실 넌센스이다. 온라인과 오프라인을 따로 관리하는 것은 비효율적이기 때문이다. 온라인이든 오프라인이든 다시 한 번 이야기하지만 본질은 사람과 일을 하는 것이다. 그렇기에 온라인이 맞고 오프라인이 틀리다의 개념이 아닌 것이다. 그건 마치 "엄마가 좋아 아빠가 좋아?"라고 묻는 수준이다. 그렇다면 어떻게 온라인과 오프라인을 연결할 것인가? 어떻게 연결을 해야 할지 답을 찾아야 하는 것이다.

나는 온라인을 통해 나의 오랜 네트워크 경험을 다른 회사의 많은 네트워커들과 어떻게 나눌지에 대한 고민을 많이 했다. 네트워크 마케팅 세상에는 존재하지 않으면서도 세상에 존재했으면 하는 것이 무엇이 있을까에 대한 고민을 한 것이다. 그래서 내가 찾은 답은 네트워크 사업 컨설팅이었다.

네트워크 마케팅 사업 안에서 네트워크 마케팅 사업에 관한 컨설팅은 혁신에 가까운 일이었다. 많은 사람들이 온라인 안의 내 공간에서 네트워크 사업 컨설팅이라는 낯선 콘셉트에도 놀라워했지만 동시에 나의 경험과 생각에 대하여 깊이 공감을 하기 시작했다. 그래서 기꺼이 먼 거리에서도 나를 만나러 오는 것이다.

지금도 나는 컨설팅을 받는 많은 분들과의 관계에 대해 생각한다. 온라인에서 만난 관계였지만 내가 그들의 마음을 움직인 것은 과연 무엇일까? 그것은 그들이 가지고 있지 못한 답을 내가 가지고 있기 때문이었다. 오프라인에서 자신들의 네트워크 스폰서와 시스템에서 찾지 못한 답을 나의 글과 컨설팅에서 찾았기 때문에 나와의 만남을 원하는 것이다. 다시 말해 온라인에서 오프라인으로 연결해서 만남으로 이어질 수 있는 핵심은 상대방이 고민하는 것에 대한 답이 바로 나에게 있을 수 있다는 신뢰와 공감으로 이어져야 한다는 것이다.

물론 오프라인으로 단 한 번의 만남으로 자신이 원하는 결과를 만들어내기가 쉽지 않다는 것도 안다. 그래서 나는 간단한 만남의 코스도 많이 만들어 놓는다. 사람은 자주 봐야 정이 든다는 말이 있다. 온라인의 가장 큰 약점은 무조건 대면 영업을 기피하고 온라인으로만 소통하려 한다는 것이다. 온라인만으로 소통한다는 것은 큰 착각이다.

온라인 안에서는 일방적인 형태로 이야기가 전달되는 경우가 많은데 그런 경우는 결국 시간이 지나면 외면당하게 마련이다. 양방의 소통이 아니라는 것은 오래 갈 수 없다는 것이다. 온라인으로만 네트워크를 만들 수 있다고 이야기하는 것은 모래 위에 성을 짓는 것과 같은 일이다. 특히 네트워크 마케팅 신생 회사가 경쟁적으로 만들어지고 있는 시점에서 온라인만으로 네트워크를 펼치게 되는 경우가 있다. 그런 경우에는 오히려 온라인 스폰서와 온라인 파트너의 유대 결속력이 약한 상태이기 때문에 자칫 잘못하면 팀 단위로 다른 회사로 이동하는 경우도 많다. 당연히 오랜 시간 공들여온 온라인 안에서의 네트워크의 모든 질서는 무너지는 것이다.

당신이 몇 년 동안 노력한 것들은 한 순간에 물거품으로 만들고 싶지 않다면 무조건 온라인의 방법만 고수하는 것도 답이 아니라는 것은 꼭 기억해야 한다. 네트워크에서 무엇이 최고의 방법이냐고 질문한다면 하나만 고집하기보다는 여러 가지 방법들을 다양하게 믹스해서 결과를 도출해내는 것이라고 이야기하고 싶다. 이제는 지혜를 발휘할 때라고 생각한다.

003

온라인에서 오프라인으로 넘어오는 방법

온라인에서 오프라인으로 넘어오기 위해서는 그들이 가지고 있는 문제에 대한 답을 당신이 갖고 있다는 느낌을 확실하게 소비자에게 주어야 한다. 그래서 당신은 네트워크 사업 안에서 당신만의 명확한 답을 가지고 있어야 하는 것이다. 그러나 안타깝게도 많은 네트워커들이 아직 그 해결 방안을 갖고 있지 않기에 머리가 복잡한 것이다. 그래서 이 부분을 어떻게 해결할 수 있을지 알아보도록 하겠다. 일단 많은 네트워커들이 어느 부분에서 가장 힘이 드는지 생각해 보자. 초보 네트워커뿐만 아니라 대부분 5~6년 이상 일을 한 네트워커들도 힘들어하는 부분이 지인 영업이다. 왜 사람들은 그리도 지인 영업을 힘들어할까?

나에게 찾아오는 대부분의 네트워커들이 온라인을 배우고 싶어 하는 첫 번째 이유가 지인 영업을 하기 싫다는 이유다. 그 이유를 물어 보면 지인 영업을 기피하는 이유는 아무래도 아쉬운 소리를 한다고 생각하기 때문이다.

나 또한 그 경험이 있다. 정말 만나고 싶지 않은 은행 선배를 찾아가서 제품 이야기를 할 때의 그 민망함은 아직도 생생하게 남아 있다. 너무 오랫동안 연락도 안 했던 선배이고 무엇보다 정말 친분이 많지 않았던 선배임에도 결국은 찾아갈 사람이 없으니 찾아가게 된 것이다. 그때 그 선배 역시 별로 친하지 않은 후배가 오랜만에 찾아와서 네트워크 사업과 제품 이야기를 하니 황당했을 것이다. 그 떨떠름한 표정은 아직도 기억에 남는다. 그래서 얼마나 사람들이 지인 영업을 하고 싶어 하지 않는지는 나 역시 가슴 깊이 공감이 된다.

대부분의 사람들은 블로그, 인스타그램 등 각종 SNS에 지인 영업 없이 네트워크 사업만으로도 사업이 가능하다는 광고를 보며 관심을 보인다. 그래서 많은 사람들이 블로그에 글을 올려서 많은 사람들을 찾아오게 만들려고 노력하는 것이다. 그러나 아쉽게도 그 광고성 글에는 생각보다 그렇게 좋은 반응을 이끌어낼 수 없다는 단점이 있다. 왜냐하면 블로그에 게시하는 글도 사실은 대면 영업을 하는 것과 마찬가지로 글에 생명력이 있어야 하기 때문이다. 그러나 대부분의 글들은 온라인 스폰서에게 배운 대로 또 광고성 글을 게시하다 보니 누군가의 공감을 이끌어내기가 쉽지 않다. 그러다 보니 단순히 글을 게시하고 누군가가 자신을 찾아오기만을 기다리는 수동적인 사업을 하게 되는 것이다. 그리고 그 수동적인 사업의 결과는 어떨까? 나에게 컨설팅을 받으러 오는 많은 분들이 온라인 스폰서들이 알려준 대로 광고 글을 게시해도 결과가 안 나온다 한탄을 한다. 온라인에 네트워크 팀원 모집 광고를 게시했다고 해서 온라인 마케팅을 하는 것이 아니라는 것을 인지하지 못한 결과이기도 하다.

대부분의 네트워커들이 그렇게 온라인 스폰서들에게 광고 게시글을 배우다 보니 온라인 마케팅에 대한 개념도 없고 온라인 마케팅 또한 서툴다. 그러니 당연히 결과는 안 나오고 역시 온라인 마케팅도 오프라인 마케팅처럼 답이 보이지 않고 답답한 상황들이 연출이 된다고 느끼는 것이다. 컨설팅 과정에서 온라인 마케팅을 하고 있다는 네트워커들도 많다. 그 분들과 단 몇 분 이야기를 해보면 그들이 착각하고 있는 부분이 무엇인지 금방 찾아낼 수 있다. 대체로 앞에서 이야기했듯이 많은 네트워커들은 온라인에 글을 게시했다고 해서 온라인 마케팅을 하고 있다고 생각하는 것이었다.

그렇다면 과연 온라인 마케팅이 블로그나 SNS에 글을 올려서 사람을 모집하는 것을 말하는 걸까? 과연 그것을 온라인 마케팅이라고 부를 수 있는 것일까? 나 또한 처음에는 온라인에 글을 게시하면 온라인 마케팅을 한다고 착각을 했던 시절이 있었다. 왜냐하면 나도 온라인 마케팅에 대한 기술을 제대로 배운 적이 없었기 때문이다. 그러나 진짜 세상에서 사용하는 마케팅에 대한 이론을 공부하고 직접 온라인에서 수익을 내보니 정말 그동안 마케팅에 대해 모르고 살았다는 것을 깨닫게 되었다. 온라인과 오프라인이 중요한 게 아니라 진짜 마케팅에 대한 제대로 된 공부가 필요하다는 것을 알았다. 그래야 마케팅을 제대로 이해하게 되어 진짜 네트워크 마케팅 사업을 할 수 있으니 말이다.

노트북으로 많은 시간 일을 하면 할수록 더욱 깨닫는 것이 있다. 바로 제대로 마케팅을 배워야 온라인 안에서 살아남을 수 있고 오프라인으로 많은 분들의 공감대를 이끌어낼 수 있다는 점이다. 온라인을 아무리 잘해도 온라인에서의 만남을 오프라인으로 이끌어낼 수 있는 힘이 있어야 네트워크 마케팅 사업은 확장시킬 수 있다. 또한 그 확장된 관계 속에서 결속력을 다져 네트워크 성장 속도를 높일 수 있는 것이다. 결국 온라인과 오프라인을 연결할 수 있는 힘은 세상의 공부를 해야 한다는 것이다. 세상에서 마케팅 공부를 해야 하고 소비 심리학을 배워야 전반적인 트렌드를 읽을 수 있게 되어 사업 계획도 구상할 수 있게 된다.

성공하기를 원하면서도 지인 영업을 하고 싶지 않아서 온라인 마케팅을 한다고 하는 많은 네트워커들이 제대로 된 공부를 하지 않는데 어떻게 결과가 나오겠는가? 네트워커들이 온라인의 주 소비자 층에 대한 공부를 하지 않는다면 원하는 결과를 절대 얻을 수 없을 것이다. 소비자에 대한 고민을 하지 않고 그냥 올린 글에 과연 누가 반응을 보일지를 생각해 보라.

온라인 안에서 네트워크 마케팅 광고 글은 엄청나게 많다. 예전에는 정보가 제한되어 있었기 때문에 소비자들의 선택의 폭이 좁았다면 지금은 온라인을 통해 소비자와 예비 사업자들도 선택의 폭이 넓어지고 다양해졌다. 우리는 그 많은 네트워크 마케터들의 광고 글과 소비자나 예비 사업자의 엄청난 정보들 속에서 선택을 받아야 한다. 그래서 더욱 열심히 남들보다 더 전문성을 가져야 한다.

예전에는 두루두루 넓게 아는 것이 미덕이었다면 지금은 좁고 깊게 알아서 그 분야에서 전문성을 발휘하는 것이 훨씬 더 좋은 결과를 이끌어낼 수 있다. 또한 예전에는 내가 잘하는 분야 위주로 공부를 했다면 지금은 내 사업에 필요한 공부를 해야 한다. 내가 좋아하고 잘하는 것이 중요한 것이 아니라 소비자들과 예비 사업자들에게 그들이 원하는 답을 당신이 가지고 있는 것을 온라인 안에서 스스로가 입증해 내야 한다. 그래야 그들이 기꺼이 당신을 만나기 위해 오프라인으로 모일 것이다.

가상의 현실에서 아무리 많은 댓글과 하트를 받는 것보다 진짜 현실에서 단 한 번의 만남이 사실은 더욱 중요하다는 것을 기억하라. 더 이상 당신을 온라인에서 포장하지 말고 진실한 모습을 드러낼 줄 알아야 한다. 그래서 많은 사람들이 SNS나 유튜브 상에서 실명을 밝히고 얼굴을 보여주는 이유이기도 하다.

온라인은 신뢰를 기반으로 사업이 이루어지는 공간이다. 당신 자신을 완전히 드러내지 않고 적당히 타협하고 모습을 숨기면서 일을 할 수 없다는 것이다. 많은 사람들이 온라인에서 자신의 실명을 공개하고 얼굴을 보이는 것을 부담스러워하는 것도 알고 있다. 나 또한 익숙하지 않았을 당시에는 부담이 된 것도 사실이다. 그러나 내가 먼저 나를 보이려고 하지 않는데 어떻게 상대방이 먼저 마음을 열까? 내가 먼저 사고의 변화를 가져오고 세상에 먼저 내놓아야 나와 같이 자신의 인생에서 답을 찾는 누군가가 나를 찾아올 것이다.

네트워크 마케팅 사업을 아무리 오래 한 사람들도 객관적으로 자신을 들여다보고 답을 찾은 사람은 극소수이다. 나 또한 마찬가지로 계속 배워나가고 있다. 그리고 온라인에서 나를 드러내는 일을 부담스럽다고만 생각하지 말고 누군가에게 도움을 줄 수 있다는 사명감으로 다가가 보자. 확실히 또 다른 시야가 확보가 되는 경험을 할 수 있을 것이다.

나 또한 온라인과 오프라인을 넘나들면서 좋은 선생이 되어야겠다는 다짐을 수시로 한다. 더욱 열심히 공부하고 더 많은 책들을 읽으며 내가 준비할 수 있는 많은 부분들에서 성장을 이루고 있다.

004

사람들이 열광하는 네트워크 마케팅이란? (1)

많은 네트워커들이 온라인에 대한 이야기들을 한다. 그러나 사실 가장 중요한 것은 무엇일까? 온라인을 아는 것만이 과연 답일까? 대부분의 사업자들이 유형의 제품을 유통하는 네트워커이기도 하지만 무형의 콘텐츠를 가지고 있는 네트워커이기도 하다. 다시 말하면 네트워크 회사의 제품을 유통하기도 하지만 각각의 스폰서와 파트너 관계를 가지는 무형의 교육 사업이기도 하다는 것이다.

네트워크 마케팅 제품을 일회용으로 사고팔고 끝날 수 있다면 온라인 안에서만 일이 일어나도 상관없다. 그러나 우리는 관계를 이야기하고 있고 인세 수입을 받기 위해서는 그룹 안에서의 결속력이 무엇보다도 중요하다.

파트너뿐만 아니라 소비자 또한 마찬가지이다. 반복 구매가 일어나야 하는 상황에서 소비자를 얼마나 효과적으로 나의 네트워크 세계에 가두어 놓는지는 너무 중요하다. 어떻게 보면 이런 부분 때문에 아직까지도 많은 네트워커들이 온라인으로 넘어오지 않은 이유일 수도 있다. 왜냐하면 온라인에서 시작한 신생 네트워커라고 하더라도 오프라인으로 넘어오는 것은 필수이기 때문이다.

어떠한 사업의 형태든 100% 온라인만으로 운영되는 곳은 거의 없다 해도 과언이 아니다. 그렇기 때문에 새로 시작하는 네트워커들이 지인 영업을 하지 않아도 된다는 문구에 혹해서 온라인 광고성 글을 클릭하는 경우도 많다. 과연 온라인만으로 오프라인 경험이 없는 그들이 네트워크 마케팅이라는 복잡한 세상에서 살아남을 수 있을까?

네트워크 마케팅 안에서의 오프라인 방법들을 이해하기 위해서는 네트워크 마케팅이 무엇인지 제대로 아는 것이 필요하다. 막연히 네트워크 마케팅이라고 하면 "지인 영업하기 싫어요, 파는 거 못해요." 라고 이야기를 많이 하는데 이처럼 많은 사람들의 오해를 받고 있는 네트워크 마케팅은 정확히 무엇일까? 네트워크 마케팅을 하는 많은 사람들이 네트워크 마케팅 자체가 무엇인지 모르는 사람들이 많다. 단순히 돈 버는 수단, 꿈을 이루기 위한 과정, 방문 판매 등 여러 가지 각자의 경험을 기반으로 다양하게 해석한다. 그래서 네트워크 마케팅이 무엇인지 정확하게 알 필요가 있는 것이다.

네트워크의 사전적 의미를 찾아보면 몇 가지가 있는데, 가장 많이 알려진 것은 '복수의 컴퓨터를 유·무선의 통신 매체로 연결하여 데이터를 주고받을 수 있게 한 통신망'을 뜻한다. 컴퓨터를 연결한 인터넷, 휴대폰 연결을 가능하게 하는 이동통신, 그리고 현대 사회에서 이미 보편화되어 있는 SNS가 여기에 해당된다고 볼 수 있다.

또한 SNS와 비슷한 것이 이미 인간 사회에서 존재한다. 이것이 바로 인적 네트워크 또는 인간 관계망이다. 사람은 사회적 동물이고, 사회가 존재한다는 뜻은 서로의 관계가 존재하고, 이 관계를 통해서 여러 사람들이 연결되는 망, 즉 인적 네트워크가 존재한다는 것이다.

마케팅의 사전적 의미는 '상황의 변화에 대응해 가면서 소비자의 수요를 만족시키기 위하여 상품 또는 서비스를 효율적으로 소비자에게 제공하기 위한 활동'이라고 나와 있다. 시장 조사, 상품화 계획, 선전, 판매 등이 여기에 해당한다. 즉, 광고만 하는 것도 아니고, 계획만 하는 것도 아니고, 최종적으로 제품 판매를 하기 위한 모든 활동을 이야기하는 것이다. 다르게 말하면 상품에 대한 시장 조사에서 최종 판매까지 한 개라도 빠지면 마케팅을 제대로 한다고 보기 힘들다. 그렇다면 네트워크 마케팅이란 무엇일까? 위 사전적 의미를 응용하면 '인간 사회에서 형성된 망 또는 네트워크를 통해 소비자의 수요를 만족시키기 위하여 상품을 효율적으로 제공하기 위한 활동'이 여기에 해당하는 것이다.

다시 쉽게 설명하자면, 네트워크 마케팅이란,

① 제조업자 → 도매업자 → 소매업자 → 소비자와 같은 유통 경로를 거치지 아니하고

② 소비자이자 판매원들이 자신이 제품을 소모하거나 고객에게 판매하도록 한다.
③ 회사는 각각 판매원에게 회사의 상품 또는 서비스를 판매하고
④ 그들로 하여금 판매망을 조직하고 운영하는 방식이다.

또한 상품 또는 서비스를 사용하여 우수성을 인정한 소비자가 스스로의 의사로 판매원으로 전환된다. 그리고 주위 사람들에게 권하여 상품을 나누어 쓰게 되고 이렇게 새롭게 형성된 소비자가 다시 판매원으로 전환되는 과정이 무한히 반복되는 것이다. 그럼으로써 상품 또는 서비스의 판매 범위가 점차로 넓어지는 방문 판매, 통신 판매, 회원제 판매 방식 등이 결합된 직접 판매의 새로운 유통 방식이 바로 네트워크 마케팅 방식인 것이다.

네트워크 마케팅은 1927년 미국 하버드 대학교의 학생이 논문으로 제출한 것을 던킨 교수가 논문의 우수성을 인정하여 학계에 발표한 것이 시초가 되었다. 이후 1945년 미국의 건강보조식품 제조 회사인 '뉴트리라이트'가 처음으로 사용하였다. 세일즈맨들의 직접 판매로 인한 수익뿐만 아니라 리쿠르트로 인한 매출에도 일부 커미션을 지급하는 방식을 채택하며 세일즈맨들로 하여금 판매 의욕을 불러일으켰다. 또한 입에서 입으로 전해지는 입소문 마케팅 방식이 광고 판촉비를 대폭적으로 절감할 수 있다는 사실에서 네트워크 마케팅 방식은 빠르게 확산이 되었다.

네트워크 마케팅의 본질을 제대로 알고 나면 네트워크 마케팅은 정말 매력적인 일이다. 그러나 안타깝게도 너무 많은 사람들이 네트워크 마케팅을 다단계, 피라미드식으로 진행하고 복제시켜 사업의 방법을 공유하는 것이 문제가 되었다. 그래서 네트워크 마케팅 사업의 개념이 무엇인지를 정확하게 아는 것이 무척 중요한 것이다.

네트워크 마케팅 방식은 합당하고 윤리적인 방식의 유통 방식이라는 것이 이제 막 네트워크 사업을 시작하려는 당신이 가져야 되는 첫 번째 관문이다. 이 개념이 공감이 되고 이해가 되어야 이 사업을 누군가에게 전달할 때 당당하고 자신 있게 권유할 수 있게 되는 것이다.

만약 당신의 무의식에서 네트워크 사업을 전달하는 과정 중 조금이라도 네트워크 마케팅에 대한 부정적인 감정이 있고 다른 누군가에게 왠지 모를 불편함을 느낀다면 즉시 전달하는 것을 멈추어야 한다. 왜냐하면 당신 스스로가 제대로 네트워크 마케팅에 대한 인식을 가지고 있지 못하기 때문이다. 자신 스스로 또한 제대로 설명하지 못한 네트워크 마케팅을 누구에게 전달할 것이며 설령 전달했다 하더라도 제대로 이해 못하고 시작한 사업이 어떻게 좋은 결과를 가져올 수 있을까? 그래서 오프라인에서 당신이 제일 먼저 해야 할 일은 네트워크 마케팅에 대한 철저한 공부가 필요하고 당신의 오해를 먼저 푸는 것이 우선시되어야 한다.

005

사람들이 열광하는 네트워크 마케팅이란? (2)

기술이란 경험, 지식 등을 기반으로 무엇인가를 만들거나 성취하는 방법이다. 그렇다면 네트워커들에게 필요한 오프라인 기술은 무엇일까? 먼저 네트워크 마케팅에 대해 올바른 사고정립을 해야 한다. 많은 분야에서 각자의 경쟁력을 키워야 된다고 이야기할 때 네트워커들에게 경쟁력이라는 것은 무엇보다 자기가 하고 있는 일을 명확하게 아는 것이라 할 수 있기 때문이다. 특히 초보 네트워커일수록 첫 단추를 제대로 끼우는 것이 중요하다. 다른 사람이 전달해주는 네트워크 마케팅을 구전으로만 공부하지 말고 직접 네트워크 마케팅 회사가 제공하는 자료를 통해 검증하기를 권유한다. 의외로 많은 사람들이 네트워크 마케팅 회사에 대한 자료를 놓친다.

네트워크 사업을 시작할 때 사실 가장 중요한 것은 네트워크 회사를 알아보는 것이다. 당신이 무수히 많은 사업 중에서 네트워크 마케팅을 선택한 이유는 인세 수입과 상속에 있다. 그 말인즉 당신이 소속된 네트워크 회사는 사업을 하고 있는 사업자 당신보다 더 오래 존재해야 한다는 뜻이다. 오래 살아남을 회사인지를 알아보려면 제일 먼저 그 회사에 대한 재무제표를 확인하기를 바란다. 사실 많은 사람들이 신생 네트워크 회사를 선택하는 이유는 선점이라는 효과 때문이다. 선점의 효과는 개인의 능력을 요구하지 않는다. 그렇기에 능력이 없어도 선점할 수 있다면 그로인해 많은 이점을 얻을 수 있는 장점이 있는 것도 맞다. 그러나 네트워크 마케팅 역사가 벌써 60년이 넘은 시점에서 지금 선점이라는 것이 존재할까?

예를 들어 새롭게 네트워크 마케팅 회사가 문을 열면 과연 1번 대표 사업자를 누구에게 제안할 것 같은가? 네트워크 마케팅 사업의 초보자에게 그리고 팀이 없는 사람에게 대표 사업자를 과연 제안할까? 우리나라에서 초장기에 시작해서 특정 회사에서 이미 그룹 이동권을 가지고 있는 누군가에게 제안할 것이다. 그래서 사실 이제는 우리같이 평범한 네트워커들에게 1번 대표 사업자라는 극선점의 기회는 없다고 생각하는 것이 맞다. 신생 회사를 선택해서 선점을 노리는 것보다는 어느 정도 입지를 굳힌 네트워크 회사를 선택해서 제대로 온라인 네트워크 마케팅에 대한 공부를 하는 것이 더 효과적일 수 있다는 것이다.

또한 시스템에서 제공하는 것은 대부분의 사업 내용은 말 그대로 참고서일 뿐이다. 진짜 당신의 파트너는 당신이 선택한 네트워크 회사이다. 그렇기 때문에 회사의 정책과 방향성에 대해 항상 주목하고 회사와 소통하려고 노력하며 회사가 제공하는 오픈 미팅을 활용하는 것도 당신의 사업에 있어서 매우 중요한 일이다.

회사에 대해 알아보고 난 다음에 할 일은 무엇일까? 시스템에 어떻게 운영이 되는지에 대하여 그리고 왜 필요한지에 대하여 공부해야 한다. 어느 회사나 시스템이라는 것은 존재한다. 형태는 가지각색이지만 공통점은 회사가 잘 굴러가도록 하기 위해서 필요한 문서 양식, 일 처리 절차, 전산 장비와 프로그램, 즉 전체적인 체계가 시스템이다.

네트워크 마케팅 사업에도 시스템이 있다. 네트워크 마케팅 회사에서 사업하는 데 있어 항상 강조하는 것이 시스템이다. 흥미로운 현상은 시스템이라고 주장하는 부분이 다들 비슷한데 모호하거나 명확하지 않거나, 특정 부분만 잘못 강조하는 경우가 대부분이다. 차이가 조금씩 있긴 하겠지만 공통적으로 자주 등장하는 것을 이야기해 보겠다.

첫째, 책, 음원, 미팅을 통한 학습이다. 책을 통해서 지식을, 음원을 통해 동기부여를, 미팅을 통해 지식과 동기부여를 얻는다.

둘째, 해당 네트워크 회사 제품을 애용하고, 애용한 제품에 대한 경험을 기반으로 소비자를 만드는 것이다. 제품이 얼마큼 좋은지 알아야 소비자에게 바르게 전달할 수 있기에 많은 시스템에서는 제품의 애용을 강조하고 중요시 여긴다.

셋째, 소비자나 예비 사업자와 신뢰를 쌓고, 그들에게 사업을 설명하는 것이다. 네트워크 구축을 위해서는 신규 사업자를 유입해야 하기 때문이다.

넷째, 꾸준히 스폰서 및 업라인과 상담하는 것이다. 다른 것들도 몇 가지 추가할 수 있기는 하나 기본적으로 위에 열거한 것들이 가장 기본이다. 여기에서 네트워커들이 생각해봐야 하는 것은 시스템이 왜 존재하느냐이다. 많은 오프라인에서 성공한 네트워커들이 이야기하고 중요시 여기는 것은 시스템 참여도라고 이야기한다. 물론 네트워크 사업에 있어서 시스템은 중요하다. 그리고 각자의 성공을 위해서는 필요하다. 그러나 주객이 전도되면 안된다는 부분을 꼭 이야기하고 싶다.

예를 들어 미팅은 무조건 100% 참여하라고 강요하는 스폰서들도 많다. 일주일에 미팅을 한 번 하던 다섯 번을 하던 다 참여하란 얘기다. 그 미팅이 당사자에게 필요한지 여부는 중요하지 않은 것이다. 의무 참석을 강요하는 시스템 미팅이 많아지면서 사실은 많은 네트워커들이 불만을 토로하는 것도 사실이다. 또한 너무 많은 미팅으로 인해 실질적으로 일을 할 수 있는 시간이 제한되는 것도 사실이다. 시스템을 만들었을 초창기에는 서로가 서로를 격려하며 성공의 경험을 나누고 그 안에서 서로의 성장을 축하해주는 것이었을지는 몰라도 지금은 너무 많이 변질이 되었기 때문에 이 미팅이 누구를 위한 시스템인지 혼란스러울 때가 많다. 그럼에도 불구하고 시스템은 네트워크 마케팅 사업 안에서는 필수적인 요소이기도 한 것도 사실이다. 그렇기 때문에 시스템에 대하여 어떻게 활용할지 이 부분에 대해 스스로가 깊이 생각해볼 필요가 있다.

앞에서 크게 분류한 4가지 정도는 사업을 체계적으로 하기 위해서 필요한 것들이라 생각한다. 네트워커로서 다양한 경로를 통해서 배우고, 적용하고, 상담하고, 응용해야 한다. 그러나 한 가지 주의할 점은 "그냥 열심히 하면 돼", "매일마다 빠짐없이", "안되면 다시 처음부터" 등의 주먹구구 방식은 가급적이면 시스템 안에서 이야기 되지 않기를 바란다.

위의 문장들이 얼마나 사람의 힘을 빼는지는 오랜 경험을 한 네트워커들은 다 알 것이다. 그렇기에 좀 더 시스템을 체계적으로 디테일하게 구성하는 것이 중요하다. 이제는 네트워크 회사끼리 경쟁하는 시대가 아니다. 세상에 수없이 많은 돈을 버는 일들과 경쟁을 해야 하는 시대이다. 그들이 얼마나 방법론적으로 시스템이란 체계화를 만들어 놓는지를 들여다볼 때마다 과연 지금 이대로의 네트워크 마케팅 시스템으로 경쟁이 될까 하는 부분에 의문이 들기도 한다.

006

시대를 읽는 힘이 좋은 결과를 만든다

시대가 바뀐다는 것은 과연 무엇을 뜻할까? 요즘 많은 생각을 해본다. 시대가 바뀐다는 것은 그 시대가 가지고 있는 많은 것들이 바뀐다는 것이다. 얼마 전 레트로와 뉴트로에 대한 설명을 들었다. 복고를 뜻하는 레트로는 우리 기성세대가 경험한 과거의 것들을 다시 현실로 가져온 것이고, 뉴트로는 우리 아이들 세대가 경험하지 않은 과거의 것들에 대한 재해석이다. 뉴트로라 불리며 과거의 것들을 재해석해서 경험하는 그들은 레트로 시대와는 완전히 다른 인류일수도 있다는 것이다.

20대~30대 초반의 젊은 친구들과 이야기를 하다 보면 정말 다르다는 것을 느낀다. 그들은 더 이상 언제 올지 모르는 미래를 위해 현재를 희생하길 원하지 않는다. 그들은 소소하지만 확실한 행복을 선택하기를 바란다. 그들에게 우리가 과거 네트워크 마케팅 사업으로 설명하고 이해시킨다면 그들은 십리 밖으로 도망갈 것이다. 사실 그들이 이 사업을 그렇게 힘들 게 할 이유도 없는 것이다. 더군다나 우리가 살아가고 있는 세상의 환경도 너무 많이 바뀌었다.

1997년 대한민국은 IMF를 겪으며 네트워크 마케팅의 호황기를 누렸다. 그때 명예퇴직을 한 엘리트 실직자들이 대거 네트워크 시장으로 들어오면서 엄청난 성장을 가져왔지만 반대로 엄청난 안티를 양산해낸 시점이기도 하다. 1차적으로 지금 네트워크 마케팅 사업을 시작하는 20~30대 젊은 네트워커들은 그러한 주변의 안티들의 부정적인 시선을 극복하고 들어와야 한다는 것이다. 많은 부정적인 편견으로 둘러싸여 있는 가족부터 설득해야 하고 친구들의 놀림을 받을 각오도 되어 있어야 한다. 그렇기 때문에 네트워크 사업을 시작하는 것만으로도 정신적으로 더 어려워졌다.

기성세대도 인정할 것은 인정해야 한다. 지금 젊은 사람들은 해외의 상품을 직접 구매하는 방식으로 다양한 제품을 손쉽게 사용하고 있다. 이런 상황에서 예전의 오프라인 방식만을 고집할 수 없게 되었다. 그래서 많은 네트워크 회사들이 문화로써 소비자에게 접근하기 시작한 것이다. 젊은 층에게 어떻게 하면 네트워크 마케팅이라는 사업을 재미있는 문화로 다가설지에 대한 고민을 많이 하고 있다.

사업자 또한 회사만 고민하라 할 것이 아니라 어떻게 하면 온라인으로 모은 소비자나 예비 사업자들에게 재미있는 문화로써 네트워크 마케팅 콘텐츠를 생산할 것인지 고민해야 할 시점이다.

예전에 한참 유행했던 미팅 방법 중에 하나가 요리 미팅이었다. 많은 이들과 음식을 나누고 그 안에서 건강과 피부에 대한 정보를 나누며 소비자도 발굴하고 예비 사업자도 찾을 수 있었다. 그러나 지금은 어떠한가? 그 미팅에 대한 부정적인 정보들이 외부에 많이 알려지면서 그 문화가 그 회사만의 자화자찬 문화가 되어 오히려 소비자는 부담스럽다는 평이 많아졌다. 그럼에도 불구하고 여전히 많은 시스템에서는 그 미팅을 진행하는 것을 본다. 그 이유는 그 요리 미팅을 대체할 수 있는 무엇인가를 찾지 못했기 때문이다. 그것이 아니라면 과거의 영광을 그리워해서라고 생각한다. 그러나 시대는 변하고 있고 또 다른 문화를 원하는 것은 당연한 것이다.

사업 설명의 형태도 이제는 바뀌어야 한다. 많은 네트워크 시스템에서 그냥 증명된 비즈니스 플랜을 '따르면 된다!'라는 슬로건을 내세운다. 안타깝게도 그들이 말하는 '증명된' 비즈니스 플랜은 시대상이 반영되지 않은 너무 오래된 방법으로 구성되어 있어서 효과가 미비하다는 생각이 든다. 공급보다 수요가 많았을 때는 공급자들에게 유리했다. 그러나 지금은 공급과잉의 시대에 살고 있다. 그래서 지금 현 시점에서 회사보다 더 중요하고, 사람보다, 제품보다, 심지어 메시지보다 중요한 것은 시장이라 할 수 있다. 시장이 변화하고 있기 때문에 우리가 전달하는 사업 설명 즉 보상플랜에 대한 설명하는 방법도 바뀌어야 한다는 것이다.

많은 사람들이 직급을 성취하기 위해 석 달에 100명에 가까운 인원에게 사업 설명을 한다는 이야기도 이제는 너무 구시대적이다. 석 달 동안 100명에게 전한다는 것도 대단하지만 전달받는 대상의 사람들의 환경도 사실 궁금하다.

나는 컨설팅을 통해 만나는 네트워커들에게 곧잘 "만약 사장님이 10억 이상을 투자하고 설립한 회사라면 그 회사에서 같이 일할 동업자를 아무나 뽑을까요?"라는 질문을 한다. 이 질문을 당신에게도 하고 싶다. 당신은 과연 당신의 피 같은 돈이 10억 이상 투자된 회사에 직원을 아무나 고용하겠는가? 사업자라면 진지하게 고민해봐야 할 문제라는 것이다.

내가 10년 동안 사업을 진행하며 올바른 파트너십 관계가 얼마나 중요한지도 배웠고 무엇보다 네트워크 안에서 한 사람 한 사람의 성품과 역량이 왜 중요한지도 깨달았다. 예를 들어 그룹을 이기적인 단체로 만들고 싶다면 단 한 명의 이기적이고 비협조적인 사람을 들이면 된다. 그러면 그 단체는 순식간에 이기적인 그룹으로 바뀔 수가 있다. 반대로 정말 서로 돕는 그룹의 문화를 만들고 싶다면 제대로 된 역량을 가진 좋은 성품의 파트너를 후원해 보면 된다. 그리하면 그 한 사람으로 인해 당신의 그룹은 엄청난 가능성을 가진 집단으로 바뀔 것이다. 그렇게 내 집안에 들이는 사람은 중요한 것이다. 당신의 네트워크 안에 어떤 사람들과 같이 할지를 생각한다면 당신이 100번의 사업 설명을 하기 위한 목적으로 만나는 사람은 당신에게 꼭 필요한 답이 아닐 수도 있다는 것이다.

어느 상황이든 주객이 전도될 수 있기에 항상 조심하고 또 조심해야 한다. 100번의 사업 설명을 의미도 없이 하는 상황은 네트워커들이 다른 곳에서는 수입이 발생하지 않고 오로지 네트워크 사업을 전업으로 하기 때문이라고 생각한다. 그래서 나는 네트워크 사업을 100% 전업으로 하는 것을 비추천한다. 내가 100% 전업으로 네트워크 사업을 할 때는 오히려 만날 사람들이 너무 제한적이었다. 당연한 일이다.

매일 아침에 눈뜨면 나가는 곳이 미팅장이고 시스템이었고, 만나는 사람도 제품을 주문하는 소비자나 내가 목적을 가지고 만나는 친구들이었다. 그러니 하루하루가 새로운 만남이 있어도 너무나 제한적인 관계에 놓여 있었던 것이다. 게다가 네트워크 마케팅 수입이 나에게는 유일한 수입이다 보니 이 안에서 받는 스트레스도 어마어마했다. 또한 항상 불안했다. 만약 그 소비자가 '이번 달에 제품 구매를 안 한다면 어떻게 하지?', '같이 하기로 한 파트너가 사업을 그만두면 어떻게 하지?'라는 생각에 휩싸여 다람쥐 쳇바퀴 돌듯이 여유 있게 목표를 점검하고 플랜을 짤 수 있는 마음이 생기지 않았다. 그 달의 실적을 올리느라 정작 해야 할 많은 일들을 놓치고 있었던 것이다. 게다가 나에게 시간적으로나 경제적으로나 그 어느 것도 여유가 없었다. 그러다보니 그 에너지는 내가 만나는 사람들에게도 전달이 되는 것이었다.

상황은 나빠지고 덫에 갇혀 버린 것이다. 이성적으로 생각도 하지 못하며 악순환의 연속으로 오랜 세월을 살아온 것이다. 그러다 보니 모든 것이 망가져 있었다. 그래서 과감하게 그 모든 것을 끊고 그 그룹에서 빠져나왔다. 10년 가까이 일한 그 번호를 탈퇴하고 나올 때는 너무 두려웠고 죽을 것만 같았다. 정말 그 네트워크 사업이 아니면 죽는 줄 알았다. 그러나 10년 된 네트워크 회사에서 번호를 탈퇴하고 나서 1년도 채 되지 않아 나는 현재 멀티 채널로 된 수입이 있다.

내가 현재 만나는 사람들도 많이 달라졌다. 물론 수입도 과거 네트워크보다 몇 배가 커진 상태이다. 그리고 수입이 다양하다 보니 당연히 마음도 여유가 있어지고 다양한 취미활동도 하면서 무엇인가 새롭게 배우는 과정에서 또 좋은 사람들을 많이 만나게 되었다. 소비자 층도 넓어지고 나의 생활을 알고 있는 친구들은 내 네트워크 사업에도 먼저 관심을 보인다. 성공이라는 선순환 사이클에 진입하게 된 것이다.

내가 매달리면 상대방은 도망간다. 어찌 보면 많은 네트워커들이 지금 하고 있는 대부분의 방식이 아닐까 싶다. 소비자든 예비 사업자든 당신을 따라오게 만들어야 한다. 그러려면 당신의 태도를 점검해 보기를 바란다. 당신이 누군가에게 당당하지 못하고 쩔쩔맨다면 상대방은 사실 당신에게 자신의 인생을 걸 이유가 하나도 없다. 이쯤되면 너무 당연한 이야기처럼 들리겠지만 자신의 태도를 점검해 보면 당신의 사업의 수준이 보일 것이고, 사업이 뜻 같지 않다면 그 이유 또한 당신의 태도에 있다는 것을 알 수 있을 것이다. 그리고 아무나 후원하지 말라는 것을 꼭 기억해라.

당신이 갖고 있는 최고의 기회를 간절히 원하는 사람들에게 전달하고 있지 않다면, 당신은 동그란 구멍에 네모난 상자를 넣으려고 애쓰고 있는 것과 같은 행동을 하고 있다는 뜻이다. 당신이 세상에서 가장 맛있는 음식을 팔아도 아무도 배가 고프지 않으면 그 음식을 사 먹지 않을 것이다.

여기 곰곰이 생각해 봐야 하는 놀라운 비밀이 있다. 높이 날아오를 수 있는 탁월한 사람에게 전하는 평범한 메시지는 평범한 사람에게 주는 훌륭한 메시지보다 더 결과가 좋다는 것이다. 이 원칙을 완전히 이해하는 것이 당신의 비즈니스 경력을 영원히 바꿀 것이다. 과장이 아니다. 그러므로 당신이 지금 고민해야 하는 부분을 명확하게 하고 구체적인 타깃층을 설정해야 한다.

마케팅에서 가장 중요한 핵심은 타깃을 어떻게 설정하는가이다. 그리고 그 타깃이 명확하면 명확할수록 명중률은 더 올라갈 것이다. 당신만 바라보며 움직일 줄 모르는 100명의 파트너보다 제대로 일할 줄 아는 한 명의 파트너가 더 값지다는 것을 누구보다 당신이 더 잘 알고 있으리라 여긴다.

007

왜 네트워크 마케팅 사업은 이론일 뿐인가?

많은 사람들은 네트워크라고 하면 인맥에 대해 많은 이야기를 한다. 인맥은 어느 곳에서나 중요하다는 것이다. 오죽하면 어느 철학자는 젊은 시절에 빚을 지더라도 인맥을 쌓기 위해 노력하라고 말을 했을까? 우리가 어떤 일을 만들 때 인맥은 중요하다. 네트워크 마케팅 사업도 사실은 자신의 인맥에서부터 시작되는 사업이기 때문에 인적 네트워크를 결코 가볍게 여겨서는 안 되는 중요한 사안이다. 그러나 아이러니 한 것이 있다. 사회에서 이루어지는 이해관계에 얽힌 인적 네트워크에서 인맥에 대하여는 사람들이 부정적인 시선으로 바라보지 않는다. 서로 도와야 한다면서 각자의 상점을 이용하기도 하고 많은 소개를 적극적으로 해주기도 한다. 그들은 자신들의 사업체를 이야기해도 자연스럽게 받아들이면서 왜 유독 네트워크 마케팅에 관해서는 부정적으로 바라보는 것일까?

정말 네트워크 마케팅 사업이 그들이 바라보는 사회의 시선으로 바라보았을 때 부정적인 사업이냐? 라고 이야기 한다면 그 또한 아니다. 그런데 왜 많은 사람들은 네트워크 마케팅 사업에 대하여 그렇게 부정적으로 바라보는지에 대하여 우리가 고민을 하며 시선들을 바꾸어나가야 우리 다음세대에게 네트워크 마케팅 사업이 하나의 온전한 직업으로 받아들여지지 않을까 생각한다. 그렇다면 왜 우리가 하고 있는 네트워크 마케팅 사업을 그들은 부정적으로 바라보는지 이야기를 한번 해볼까 한다.

네트워커인 우리가 네트워크 사업에 대하여 잘 모른다는 것이다. 다양한 회사의 네트워커들과 컨설팅을 하다보면 공통적으로 이야기를 하는 내용이 있다. 네트워크 마케팅 사업이 어렵다는 이야기와 도대체 어떻게 해야 할지 모르겠다는 이야기이다.

나는 네트워크 사업을 시작하기 전에 은행에서 일을 했다. 2002년 6월 우리나라의 월드컵 4강 신화로 전국이 들썩거릴 때 나는 은행 연수원에서 두 달가량 합숙을 하며 연수를 받고 있었다. 초중고등학교를 거쳐 대학 4년에 걸쳐 배운 내용들이 그 순간 은행 연수원 안에서는 하나도 쓸모가 없다는 것을 깨달으면서 말이다.

나는 은행에서 다루는 전반적인 상황들과 상품들에 대하여 새벽까지 공부하고 시험을 보며 업무 연수를 받았다. 그렇게 두 달을 꽉 채워 연수를 받고 현장에 투입되어도 사실 어떻게 고객을 응대할지 그리고 어떻게 돈을 받아서 입출금을 해야 하는지 어떤 상품을 고객에게 추천해줘야 하는지 전혀 알 수가 없었다. 그리고 은행을 10년 가까이 다니면서 끊임없이 자격증을 취득했었다. 은행 업무 전반에 관련된 본사의 지침을 매일 아침 확인하면서 변한 규정이 없는지를 보았다.

주말에도 업무와 관련하여 끊임없이 공부를 했을 뿐만 아니라 은행 업무에 관해 본사에서 주최하는 미팅도 정기적으로 참석하고 고객들에게 좋은 제품을 추천하기 위해 신문을 두세 종을 읽고 준비하는 것도 필요했다. 고객 응대는 가장 기본이라 인사하는 법부터 배웠고 조금이라도 민원이 발생하면 어떻게 응대를 해야 하는지 고민했다. 또한 CS 점수가 안 나오면 그 달은 본사 CS팀에 불려가서 교육을 따로 받고 나올 정도였다. 정말 직장에서 월급을 받기 위해서는 내가 맡은 일을 위해 해야 할 것들이 정말 많았다. 끊임없이 공부하고 준비하고 노력하고 새로운 것을 배워나가는 것에 대하여 게을리할 수가 없었다는 것이다. 그렇게 은행에서 치열하게 노력하며 급여를 받기 위해 최선을 다하는 삶이었다.

네트워크 마케팅 사업은 일이라 하기에는 너무 엉성하다는 표현이 맞을 정도로 준비가 안 된 사업자들을 종종 만난다. 돈을 벌기 위한 기본적인 자세가 되어 있지 않는 네트워커들을 보면 내가 만난 네트워크 마케팅 사업은 도대체 무엇인가 하는 생각이 든다. 과연 아무 준비도 되어 있지 않는 그들이 수백만 원, 수천만 원을 버는 것이 과연 네트워크 마케팅 사업일까?

내가 네트워크 마케팅 사업을 하기로 결정하고 첫 번째로 한 행동은 시스템에서 권유하는 네트워크 마케팅 사업에 필요한 책을 20권 정도 읽기 시작했다. 그리고 그들이 추천하는 CD 20개를 구입해서 책과 음원을 한 달 안에 듣고 보고 했다. 그러면서 막연하게 네트워크 마케팅 사업을 직장인 시절에도 월급 받겠다고 공부했듯이 네트워크 사업에 관한 공부도 그렇게 한다면 내가 은행에서 받던 월급 정도는 받을 수 있지 않을까 하는 생각을 했다. 그래서 정말 직장에서 자격증을 따기 위해 공부하듯이 네트워크 마케팅 사업에 대한 공부를 하기 시작했다.

네트워크 마케팅 사업에서 보조식품의 시장성과 경쟁력을 생각해서 유명한 대체 의학 선생님들을 찾아다니며 몇백씩 돈을 들여 따로 수업을 듣기도 하였다. 그뿐만 아니라 배울 수 있다고 생각한 곳은 분야와 상관없이 쫓아다니며 배우는 데 집중했다. 제대로 된 배움이 있다면 여러 나라에 다니면서 배울 수 있는 것은 다 배우려 노력을 했다.

내가 읽은 책만 해도 천 권이 넘으며 어떻게 하면 소비자와 제대로 소통할 수 있을까를 고민하며 체계적인 멘트를 알려준다는 사설 학원도 다녔다. 또한 다양한 현장 경험이 없는 스폰서는 스폰서의 역할을 할 수 없다는 생각에 전국을 발로 뛰어다니며 제품을 팔러 다녀본 경험도 있다. 정말 네트워크 마케팅 사업 안에서 일어날 수 있는 경험들은 안 해본 게 없을 만큼 다 해보았다. 배우는 것뿐만 아니라 스폰서와 파트너와의 갈등, 조직의 붕괴까지 겪으며 내가 네트워크 마케팅 사업에서 내린 결론은 종합예술이라는 것이다.

네트워크 마케팅 사업은 하나만 잘해서 되는 사업이 아니다. 10년을 정말 치열하게 살아보니 네트워크 마케팅 사업을 통해 세상을 배우고 많은 역량을 키운 것 또한 사실이다. 그렇기에 노력하지 않고 결과만을 쫓는 네트워커들이 더욱 더 안타까운 것이다. 진짜 네트워크 마케팅 사업을 제대로 안다면 네트워크 사업 또한 스타트업으로써 누군가에 소개하기에 전혀 손색이 없는 멋진 일이라는 것이다.

네트워크 사업을 진짜 비즈니스로 소개하기에 전혀 품격이 떨어지는 일이 아니라는 것이다. 열심히 살아보지 않은 그들이 말하는 것처럼 다단계로 취급되거나 격이 떨어지는 사업이 아닌데도 불구하고 많은 이들이 우습게 보는 일이 네트워크 마케팅이라는 것이 정말 안타깝다.

네트워크 사업도 얼마든지 우버, 에어비엔비처럼 플랫폼 사업이 될 수도 있고 얼마든지 교육 사업으로 변신할 수도 있다. 네트워크 마케팅 사업을 다양한 사업체로 꾸려갈 수 있음에도 불구하고 대부분 많은 네트워커들은 그냥 제품만 유통하다가 제대로 된 사업을 해보지도 못한 채 끝나는 경우가 대부분이다. 그러다보니 제대로 배우지 못한 일에 대한 진실을 가려진 채로 네트워크 마케팅 사업은 대중에게 그 일의 가치는 폄하되고 낮게 측정이 되는 것이다.

나 또한 위와 같은 많은 노력을 했음에도 불구하고 네트워크 사업을 제대로 이해하지 못하고 배우지 못하다보니 사업을 사업답게 하지 못했음을 인정한다. 당연히 수입이 되지 않았고 여러 가지 빚도 지는 상황까지 간 것이었다. 나는 그 부분은 내가 제대로 사업을 사업답게 하지 못한 나에게 잘못이 있다고 생각한다. 제대로 사업을 배우지 못했다는 상황을 탓하기보다는 네트워크 마케팅이 아닌 진짜 사업을 하고 있는 선배들을 찾아가 조언을 구하는 것이 나에게는 더 좋은 기회를 가져다 줄 수 있었음을 알지 못했다.

많은 실패한 네트워커들은 자신들의 무지와 직업을 직업답게 일을 배우고 행동하지 못함이 문제였는데 네트워크 마케팅 회사의 잘못된 속성이라 폄하하며 그 본질을 흐리고 있는 것은 아닐까 조심스레 이야기해 본다. 그렇게 제품이 좋다고 이야기한 사업자들이 하루아침에 돈이 안 된다며 등을 돌리고 제품을 비난하는 모습들을 보며 과연 그들은 왜 네트워크 마케팅 사업을 한 것이었을까?라는 생각도 든다. 정말 제대로 알고 시작한다면 그렇게까지 싫어하고 욕을 할 필요는 없을 텐데 아쉽게도 안티 카페 회원 숫자는 네트워크 마케팅 회사에 등록된 숫자만큼이나 증가하고 있다.

이런 현실에서 우리는 과연 어떻게 새롭게 네트워크 마케팅 사업에 대한 인식을 바꾸어 나가야 할까? 언제까지 우리는 네트워크 마케팅 사업을 잘못된 시선으로 대중이 바라보도록 놔두어야 할까? 그 책임은 과연 누구에게 있을까? 그리고 이 상태로 계속 인식이 잘못되어진 채로 우리의 다음 세대에게 네트워크 마케팅 사업을 물려주는 것이 과연 옳은 일일까? 나는 이 땅의 수많은 네트워커들에게 "정말 좋아서 시작한 일인가요?"라고 질문하고 싶다. 그리고 그 안에서 희망을 보고 시작한 일이고 돈만을 보고 시작한 일이 아니라면 네트워크 마케팅에 대한 사회에 뿌려진 부정적인 인식을 어떻게 해야 바꿀 수 있을지를 진지하게 고민해 봐야 할 때라는 생각이 든다.

008

네트워크 마케팅 사업자로 끝까지 살아남기

내게 '대우'라는 기업은 무적의 회사 같은 느낌이었다. 세계는 넓고 할 일은 많다고 이야기한 김우중 회장의 철학은 젊은 시절 내가 독특한 전공을 선택할 수 있었던 영향을 준 말이기도 했다. 아마도 나와 비슷한 또래의 사람들은 2001년 대우의 막이 내려졌을 때 그 충격은 컸을 것이다.

2008년은 어떠한가? 미국발 서브프라임 모기지 사태가 발생하면서 엄청난 금융 공룡들이 무너졌다. 그때의 충격을 기억하는가? 리먼브라더스, 메릴린치, AIG 등 정말 절대 무너질 것 같지 않던 회사들이 연달아 문을 닫으며 사회적으로 엄청난 파장을 불러일으켰다. 그 당시 나는 은행에 근무 중이었는데 '과연 한국의 은행들은 어떻게 되는 걸까?'라는 두려움에 미래를 예측하는 것이 힘들었었다. 그리고 몇 해 지나지 않아서 우리나라 은행들 간의 통폐합을 겪으며 영원한 것은 이 세상에 없다는 것을 다시 한 번 실감했다. 아무리 과거에 찬란히 빛나던 기업도 세월의 변화에 발맞추지 못하면 역사 속으로 사라지게 되는 것이다. 그러나 우리는 사람인지라 내가 하고 있는 일과 내가 속한 회사가 영원할 것이라는 착각을 하고 산다. 이 세상에 영원한 기업은 없다는 것을 눈으로 보았고, 많은 회사가 역사 속으로 사라지는 것을 보았다.

나는 네트워크 마케팅 사업에서 이야기하는 상속 즉 2세, 3세에게 얼마든지 상속 가능하다는 말을 믿고 이 사업을 시작했다. 국가는 망해도 네트워크 회사는 망하지 않는다는 말도 안되는 이야기들을 의심 없이 받아들인 나를 스스로 탓하기도 했다. 어떻게 사람이 이렇게 단순할 수 있을까? 데이터를 가지고 이야기한 것도 아니고 사람의 말로 전해지며 전달된 이야기들을 믿고 네트워크 사업을 한 나의 수준을 보면서 남 탓할 것이 하나도 없었구나를 생각했다.

2000년대에 정말 대단한 회사들의 흥망성쇠를 보며 나 역시 세상이 어떻게 변해가고 있는지를 배우고 그에 맞추어 네트워크 사업을 준비하고 공부를 했어야 하는데 오히려 반대로 세상을 역행한 것은 아니었나 생각해 본다. 며칠 전 컨설팅을 받으러 오신 60대 네트워커 사업자 분의 말에 깊은 공감을 했다. 그는 40살부터 네트워크 사업을 시작해서 다양한 회사를 다녀 보았다고 이야기했다. 물론 네트워크 사업에서 제대로 된 결과를 가지지는 못했어도 많은 시스템을 다녀보며 시스템을 보는 눈은 얻었다 말했다. 그래서 이야기할 수 있는 것이 많은데 놀랍게도 40대에 들은 시스템 내용이나 지금 60살이 되어 듣는 시스템에서 말하는 강의 내용이 변한 것이 하나도 없어 놀랍다고 이야기하셨다. 더 재미있는 이야기는 네트워크 마케팅 회사에 속한 대부분의 시스템 또한 천편일률적으로 지난 과거의 영광을 기반으로 한 이야기들을 한다며 한참 웃으셨다. 그 모습을 보면서 나는 문득 한 가지 생각이 들었다. 과연 2030년에도 네트워크 회사는 살아있을까? 2040년에는 우리가 각자가 속한 네트워크 마케팅 회사는 어떤 형태로 운영되고 있을까? 그리고 우리가 젊음을 바치고 열정을 바친 시스템은 여전히 같은 모습일까?

20년 전이나 현재도 같은 내용들을 이야기하는 네트워크 마케팅 사업이 과연 향후 20년 뒤에는 어떻게 될까? 내가 조심스레 생각해 본다면 네트워크 회사는 여전히 살아남아 있을 것이다. 그리고 각자 회사에 속한 네트워크 시스템도 여전히 존재할 것이다. 그러나 결정적인 것은 네트워크 마케팅 사업을 시작한 사업자들은 계속 가난해질 것이다. 아이러니하게도 부자가 되고 싶어 시작한 네트워크 마케팅 사업으로 인하여 네트워커들은 더욱 가난해지고 결국은 네트워크 마케팅 사업을 시작한 것을 후회할 수도 있다고 생각한다.

우리가 현재 살고 있는 시대의 속도는 정말 무서울 정도이다. 돈을 벌 수 있는 일은 치열해져 가고 소비자들의 주머니는 더욱 얇아져 가고 있다. 취업을 못해 20대~30대가 결혼과 출산을 포기하는 시대이다. 40대~50대의 조기 퇴직으로 가정은 무너지고 있고 60대 이후에 준비가 되지 않은 고령화 사회에 대한 해결책은 존재하지 않는다. 그에 비하여 제품의 홍수시대에 우리는 살고 있다. 아마존부터 이베이 해외 직구까지 원하는 제품을 손쉽게 살 수 있다. 스마트 폰에 제품에 대한 광고가 흘러넘치고 있다. 수요를 일찌감치 넘어선 공급 과잉의 현상은 이제는 심각할 정도이다. 이런 상황에서 우리 네트워커들은 여전히 발품을 팔며 제품을 전달하고 있다.

스마트폰으로 네트워크 마케팅 제품을 손쉽게 구할 수 있는데 거기에 대한 대책은 아무것도 없다. 이런 상황에서 우리가 어떻게 살아남을 수 있을까? 얇아진 소비자들의 지갑을 열기 위해 전문적으로 공부한 마케팅 업자들을 과연 순수한 네트워커 사업자들이 어떻게 이기고 소비자들의 선택을 받을 수 있을까?

나는 네트워크 마케팅 회사의 제품들은 다 좋다고 생각한다. 그리고 세상에 많은 회사의 제품들도 역시나 그들의 철학을 가지고 만들었고 좋은 제품을 생산해낸다 생각한다. 소비자들은 제품을 구매할 때 경제가 좋았던 시절에 소비하던 패턴으로 제품을 이제는 구매하지 않는다.

소비자들은 자신들의 한정된 수입 안에서 만족도와 가성비가 확실한 제품을 선택하려 한다는 것이다. 소비자에게 선택받은 사람은 계속 부자가 되는 것이고 선택받지 못한 사람은 계속 가난해지는 것이다. 앞으로 부익부 빈익빈 현상은 더욱 심화가 될 것이다. 이미 중간 계층은 사라진 지 오래이다. 이 상황에서 당신은 과연 소비자들의 선택을 받을 수 있는 네트워커인가? 예전에는 네트워크 마케팅 회사끼리 경쟁자였다면 지금은 네트워크 마케팅의 경쟁자는 이루 말로 표현할 수 없을 정도로 모두가 경쟁자이다. 유튜브가 당신 회사의 경쟁자일 수 있고 텔레비전에서 방영하는 드라마가 당신 회사의 경쟁자일수 있다. 이제는 경쟁자가 무엇인지도 그리고 누구인지도 모를 시대에서 살고 있는 것이다. 이런 환경에서 과연 네트워커들은 어떻게 해야 살아남을 수 있을까?

이제는 그냥 주어진 답을 외우는 앵무새로 네트워크 사업을 하는 것이 아니라 진짜 각자의 목소리를 내면서 세상에 나와야 하는 것이 아닐까? 나 또한 10년을 넘게 사업을 하고 정말 다양한 사람들을 만나 컨설팅을 하고 온라인을 공부하고 마케팅을 공부하면 할수록 세상의 속도감에 놀라고 사람들의 생각의 속도에 놀란다. 누군가는 본질적인 것은 변하지 않는다고 이야기하는 사람도 분명히 있을 것이다. 변하지 않는 것이 단 한 가지 있다. 본질적으로 절대 변할 수 없는 그것은 세상은 변한다는 진리이다. 그 속에는 사람도 포함되어 있다.

지금 우리가 만나는 그 소비자들은 예전의 내가 알던 소비자들이 아니다. 다른 네트워크 회사의 상위 리더가 질문했던 내용이다. 10년 전에는 그렇게 오프라인 미팅으로 사람들이 미팅장을 가득 채웠는데 지금은 사람들이 오프라인 미팅을 나오려 하지 않는다. 무료로 주는 내용들인데 왜 들으러 오지 않는지 이해가 되지 않는다고 이야기를 했다. 그래서 지금은 오프라인에서 행해졌던 미팅을 온라인으로 진행하기 위한 준비를 하고 있다 말을 했다. 과연 오프라인에서 외면당한 미팅의 내용이 온라인에서 진행된다고 사람들이 미팅을 들을까? 오프라인에서 행해졌던 내용과 방식 그대로 온라인으로 옮겨간다고 해서 그게 온라인 사업일까? 오프라인에서 한계성을 보여준 미팅의 내용에 과연 온라인에서 좋은 반응을 이끌어내는 결과로 만들어질까? 왜 우리는 본질적인 것들은 생각하지 않고 방법적으로 쉽게 생각하는 것일까?

네트워커들이 SNS에 사진 몇 장 올린 것만으로 온라인 사업을 하고 있다 말을 할 수 있을까? 우리는 생각해야 할 것들이 너무나 많다. 정말 격동의 세상을 살아가고 있는 네트워커들이 살아남기 위해서는 남들이 한다고 해서 따라하는 것만으로는 결과를 만들 수 없다는 것이다.

세상에 똑똑한 사람들은 많다. 그리고 교활한 사람들도 많다. 그 안에서 여전히 순수함만으로 생명을 이어나가기에는 세상은 그렇게 호락호락하지가 않다는 것이다. 그렇기에 이제는 네트워크 마케팅 사업도 전문가의 포지셔닝으로 바라보고 진짜 사업을 사업답게 공부해가면서 진행을 해야 하지 않을까 생각한다. 내가 존경하는 선생님의 말이 있다. 학교에 돈을 가져다주고 배우는 것을 아까워하지 마라. 그 돈 아까워 하다가 그 이상의 돈을 공중에 날리고 돈보다 더 아까운 시간을 그저 허비할 수 있다.

009

비로소 깨닫게 되는 것들

경제활동을 한 세월을 따져보면 20년이 넘은 것 같다. 그 사이에 무수히 많은 경험들을 하며 깨달음도 많다. 그중에 한 가지가 기다림이다. 다른 말로는 '때' 라고 이야기한다. 공통적으로 성공자들의 하는 이야기가 있다. 그것은 모든 일에는 정해진 때가 있다는 것이다. 어린 나이에는 그 뜻을 몰라서 억지로 일을 성사시키려 매순간 노력했다. 그러면서 많은 것들을 배웠다. 아무리 기다리기 힘들어서 애걸복걸해도 모든 일에는 그 정해진 때에 일어난다는 것을 나의 과거 10년의 경험을 보면서 다시 한 번 생각한다.

모든 일에 그리고 모든 만남에는 그 또한 때가 있다. 맹목성만을 가지고 일을 만들려고 노력하다 보니 오히려 많은 실수를 했고 많은 이들에게 원망 아닌 원망도 들었다. 그리고 한 해 한 해 나이를 먹어가면서 진짜 중요한 것들이 무엇인지를 깨닫게 되었다는 것이다.

그 첫 번째가 내일은 오지 않는다는 것이다. 우리는 현재를 살아가고 있다. 오지 않은 그 언젠가의 미래를 위해 지금 현재를 희생하는 어리석음은 이제는 하고 싶지 않다. 가족과의 소중한 시간을 포기하고 아이들이 성장하고 함께할 수 있는 시간을 포기하는 어리석음을 이제는 반복하고 싶지 않다. 수없이 많은 거절로 마음이 힘든데도 미래의 그 어느 날을 위하여 내 스스로가 외면해 버리는 어리석음도 이제는 반복하고 싶지 않다. 이제는 일과 삶의 밸런스를 가지며 살고 싶다. 모든 것을 다 걸었는데 다시 원점으로 돌아와 보니 그렇게 일방적으로 사는 것은 아니었다는 것을 깨닫는다.

누군가는 "과거에 그렇게 모든 것을 퍼부었기에 지금의 당신이 있는 것이 아닐까요?"라고 질문할 수도 있겠다. 그러나 누가 알겠는가? 아무도 다른 그 길에는 무엇이 있는지 모르지 않는가? 내가 과거에 이 길이 아닌 다른 것을 선택했어도 다시 그 길에서 결과를 가질 수 있을지 그것은 그 누구도 알 수 없다. 단지 그냥 지금 이 자리에 있기에 이 자리에서 나는 삶과 일과의 밸런스를 가지고 살고 싶은 것이다. 10년 동안 너무나 많은 것들을 놓치고 살았기 때문이다. 그리고 '열심히'라는 단어의 함정에 빠져 정신을 차리고 보니 내 아이들은 이미 성장해 있었다.

모든 것을 포기하고 유보하며 네트워크 사업을 하는 나를 보고 시어머니는 "아이들이 다 성장한 뒤에 아이들과 함께 하지 못한 시간을 후회할 거야."라고 종종 말씀하셨다. 그때 나는 그 말에 동의할 수 없었다. 그러나 세월이 흐르고 아이들이 성장한 모습을 보면서 시어머니의 말대로 지금은 그 시간이 너무 그립다. 그리고 함께 있어 주지 못함에 내 마음이 너무 아플 때도 있다. 그렇기 때문에 함부로 타인의 시간을 유보하라 시스템에서 말하는 것은 아니라고 생각한다. 나와 같이 포기와 유보하며 모든 것을 네트워크 사업에 목숨 건 누군가에게 이야기를 해주고 싶다. 인생에는 정말 중요한 것들이 있다고 말이다.

두 번째로 깨달은 것은 돈은 쫓아가는 것이 아니라는 것이다. 내가 네트워크 마케팅 사업을 선택한 가장 큰 이유도 역시 돈을 벌기 위해서였다. 하이핀이 되어 수입이 커지면 인생에서 자유로워질 것이라는 막연한 이유로 끊임없이 자신을 몰아갔던 것이다. 그 답은 아마 이 글을 읽고 있는 당신도 알 것이다. 또한 돈이 많아야 행복한 것도 아니라는 것을 깨달았다. 물론 내가 살 수 있는 어느 정도 일정량의 돈은 필요하다는 것은 인정한다. 그러나 돈이 나를 따라오게 만들어야지 내가 돈을 따라가서는 절대 원하는 삶을 살 수 없다는 것을 깨달았다.

중요한 본질을 깨닫고 나니 지금은 내가 하고 싶은 일을 하며 살고 있고 나누며 베푸는 삶을 살고 있다. 오히려 돈으로부터 자유로워지고 내가 하는 일에 집중하다 보니 더 큰 만족감을 가지고 살고 있다. 그러면서 자연스레 돈도 인격체였다는 것을 알게 되었다.

나에게 "돈을 어떻게 벌어야 되는 것이냐?"라고 질문하는 사람들에게 이렇게 다시 질문을 한다. "당신이 만약 돈이라면 당신은 어떤 사람에게 가고 싶나요?" 나의 대답은 행복한 사람, 밝은 사람이다. 그리고 마음이 따뜻해서 나누는 사람에게 돈은 가고 싶을 것이다. 당신의 대답은 어떠한가? 만약 당신이 돈이라면 당신은 어떤 사람의 주머니에서 살고 싶은가? 당신이 그 답을 찾는다면 당신 또한 돈이 당신을 좋아하게 될 것이다.

그리고 마지막으로 인생에서 중요한 것은 감사함이다. 이 책이 정말 책으로 나올 것이라고 생각하지 못했다. 글을 쓰면서도 몇 번이나 포기하고 싶었고 모든 것이 부족하게만 보였다. 혹시라도 오해의 소지가 있을 수 있는 부분에서는 걱정도 많이 되었다. 그래서 여러 차례 책을 쓰는 것을 놓고 싶은 순간 나를 응원하는 많은 이들의 격려 속에서 마무리할 수 있었다. 나는 정말 많은 부분이 감사하다. 가장 힘들었고 혼란스러웠던 그 시간을 무사히 건너와 이렇게 이 글의 엔딩을 적을 수 있다니 이 또한 너무 감격스럽다.

나의 10년 네트워크 사업을 결산하면서 그냥 묵묵히 내 자리에서 꾸준하게 앞으로 나아가는 것이 중요하다는 것을 깨달았다. 사업을 하다 보면 정말 많은 일들이 오고 그 일들 가운데에는 마음이 힘든 날도 있고 모든 상황이 힘든 날도 있다. 그때 내가 어떤 마음으로 세상을 바라볼 것인가가 너무 중요하다는 것을 배웠다. 같은 상황에서도 감사함으로 세상을 바라보면 정말 누구나 좋은 결과를 만들고 성공할 수 있다. 그리고 반대로 불평으로 세상을 바라볼 수도 있다. 불평으로 바라본 세상은 나에게 결코 좋은 결과를 가져다주지 못하는 것이다.

내 뜻대로 되는 것은 생각보다 세상에 많이 존재하지는 않다는 것을 이제는 안다. 그러나 선택한다는 것만은 내 의지대로 할 수 있다는 것 또한 이제는 안다. 그렇기에 지금은 감사함을 선택하고 작은 행동들을 선택하는 사람이 되었다. 우리의 작은 날들이 모여 의미 있는 결과를 만드는 것일 수도 있다. 과거의 나처럼 네트워크 사업을 하면서 인생의 숙제를 여전히 가지고 있을 당신에게 조금이라도 이 책이 도움이 될 수 있기를 진심으로 바란다.